疑いながら信じてる50

新型キリスト教入門――その1

富田正樹［著］

YOBEL,Inc.

まえがき　「疑って残るものだけ信じればよい」

私は疑いながら信じています。

キリスト教を信じる人たち（クリスチャン）の中には疑いなど全く抱かずに、まるっきり無邪気に信じ込んでしまっている人がいます。それはそれで結構。

しかし、そういう人を私は羨ましいとは思いません。疑わずにただ信じるというのは、騙されやすいということと紙一重だからです。そして私は、疑うことは決して悪いことではないとも思っているのです。

私は高校生の時に洗礼を受けました。けれども、心の底から信じ切って受けたわけではありません。心のどこかに疑いを抱えたまま洗礼を受けました。

ただ、最初から疑いを抱えながらではありましたが、「このキリスト教というやつには長く関わることになりそうだ」という予感を覚えて、洗礼を受けたのです。その予感には期待と不安の両方がこもっていました。何か素晴らしいものが待っているかも知れないという期待。しかし、失望に終わる可能性もあるという不安です。

それでも、「中《なか》の人」になってみなければ、キリスト教が自分にとって「本物」になるかどうかはわからない。だからとりあえず「中の人」になろうと思って洗礼を受けました。

ですから、私のスタンスは、「疑って、疑って、疑い尽くしたところで、それでも残ったものだけを信じればいいいではないか」というものです。これは今でも変わっていません。そうやってクリスチャンを続けてきましたし、今でも「健全な疑い」というものは持っていなければいけないと思っています。疑っても残るものだけを信じたいのです。

つまり、疑うという行為は、私にとっては信じられるものを見つけるために不可欠な行為です。信じたいから疑うのです。

この本では、まずは疑いを投げかけ、その疑いに私が取り組んでみて、そして今は何をどのように信じているのかを、50のテーマに分けてコンパクトに書きつづっています。

この本を手に取ったあなたは、少しはキリスト教に興味をお持ちでしょう。けれども、ひょっとしてキリスト教に知的関心を抱いている方には、この本は不向きかもしれません。なぜなら、この本に書かれているのは、決して学問的な検証を行った結果の文章ではないからです。これは、疑いつつ信じる気持ちを書いた、ひとりのクリスチャンのエッセイのようなものです。

しかし、「キリスト教を信じてもいいんだろうか。怖くないだろうか」と思案している人には、ひょっとしたらこの本がいくらかはお役に立てるかもしれません。

これを読んで、あなたが納得するならよし。納得できなくてもよし。いずれにしても、これはあくまで私からの「信じる気持ち」の提案ですから、読んだ結果あなたがどのようにキリスト教について考えるかは、全くあなたの自由です。ただ、この小さな本が、あなたのキリスト教へのコンタクトの参考にでもなれば、私はとても嬉しいです。

なお、ここでキリスト教について書かれていることは、主に私が所属している日本のプロテスタント教会を前提にしています。ですから、例えば聖職者の呼び方を「神父」とは言わずに「牧師」と書いていたりします。

とはいえ、私がここで書いていることが、日本のプロテスタント教会の代表的な、あるいは公式見解であるとも思わないでください。キリスト教の世界は海のように広いのです。その広い海に浮かぶ島の数だけあるような、様々な考え方の中で、何が本当に正しいのかなどわかりません。ですから、「これも数ある考え方のひとつなのだな」と受け止めていただけるとありがたいです。

それでもこの本は、ガチガチに凝り固まった「唯一の」「正しい」教義に疑問を感じている人には、きっと興味深いものになるはずです。どうぞ、「疑いながら信じる」ひとりのクリスチャンの頭の中へとお入りください。

疑いながら信じてる50

新型キリスト教入門——その1

目次

1　神なんて本当にいるのか？

結論から言いましょう。

「わかりません」。

神さまが存在するかどうかは、今のところ誰にもわかっていません。これが結論です、以上……。ということで話が終わってしまっては身も蓋もありませんから、もう少し掘り下げて考えてみましょう。

神が存在する根拠は、今のところ非常に乏しいと思われます。大昔、神は遠い山の向こうにいると信じられていました。また、大空の向こうにある天に住んでいると考える人びともいたようです。しかし、いま私たちは、大空の向こうには900億光年以上もの宇宙が広がっていることを知っています。そして、そこに神と呼べるような存在がある証拠は見つかっていません。どうも神さまを宇宙のどこかの場所に見つけるのは難しそうです。

神が人間と同じような人格を持っていることを疑う人もいます。今から何千年も前に書かれたキリスト教の正典である聖書によれば、神は怒ったり、憐れみをかけたりするような存在として描かれています。また、王にたとえられたり、奴隷の主人のようにたとえられたり、あるいは「父」や「友」と呼ばれることもあります。しかし、なぜ神はそうやって人間に似た者のように描かれなくてはならないのでしょうか。それは人間にわかりやすく伝えるための、単なるたとえに過ぎないのではないでしょうか。

それに、神はこの世に何があっても沈黙しています。ひょっとしたら、神は人間のような動物ではなく、何があっても沈黙したままの植物のような存在かもしれません。そうだとすれば、神が人格であるという前提も確かに疑わしく思われてきます。

また一説によれば、神は人の心の無意識の中に住んでいるともいいます。自分の心の奥底にある無意識の中に神のイメージのようなものが潜んでいて、それを私たちは周囲に投影して、それを神だと思っているというのです。

しかし、それでは、神の存在を感じるのは、人間の心理学的なひとつの現象に過ぎないのでしょうか。それで実際に存在していると言えるのでしょうか。

「神など幻想に過ぎない」と言う人もいます。それもあながち間違ってはいないような気はします。なぜなら、「神さまはこんな方だ」、「神さまはこう考えている」と主張する人たちの、その「神さま」のイメージが人によってかなり食い違っていたりするからです。あまりにも人によって違うので、実はおそらく誰も本当の神さまの姿や考えを知ってはいないのだとさえ思えます。神を信じているという人たちは皆、めいめい勝手に自分に都合のよい神さまのイメージを想像しているだけなのではないでしょうか。

そんな様々なことを念頭において考えると、私たちはいっそのこと、神が「どこかに存在する人格である」と考えるのをやめてしまってもいいのかもしれません。

では、どこにも存在しないとすれば、神とは一体何なのでしょうか。

ですから、それは「わかりません」。

わかりませんし、どこにも見つからなくても、それでよいのかもしれません。

どこにもいなくても、私たちは神に祈らずにはおれない時があります。喜びにあっては感謝したくなり、絶望にあっては「どこに神の意図があるのか」と問わずにはおれません。

怒りや、悲しみや、絶望に叩き落されたとき、「神さま、あなたはどこで何をしておられるのですか！　いるのなら返事をしろ！」と叫びたくなることも人生にはあります。

存在しないかもしれない神に祈るということが、人間にはあるのです。

それでじゅうぶんなのではないでしょうか。

牧師だから言えること

ねえ、とみティ、
神ってホントにいるの?

苦節60年(四捨五入して)の
我が人生と紆余曲折に富んだ
真摯なるキリスト者生活を賭けて
全身全霊でもってお答えします、

わかりません!

2　神がいるのなら　なぜこの世に苦しみや悲しみ、悩みがあるのか？

私たちの人生には、様々な苦しみや悲しみが生じることがあります。対人関係の悩み、貧困による生活苦、暴力を振るわれること、盗難にあうこと、事故に巻き込まれること、災害にあうこと、病気に罹患《りかん》すること、戦争に巻き込まれること、そして死にたくないのに死ぬこと、亡くなってほしくない人を失うこと……。他にもたくさんの、思いつくこともできないほど様々な不幸に、私たちは見舞われることがあります。

キリスト教の神さまはよく「全知全能《ぜんちぜんのう》」であると言われることがあります。神さまには何もできないことはないと言うのです。

しかし、神さまにできないことがないのなら、なぜ神さまはこの世の人間の苦しみや悲しみ、悩みを取り除いてはくださらないのでしょうか。ある人は、それこそが神が存在しない理由なのだと言います。なぜ神さまは、人間が悲劇や不幸に見舞われている時に沈黙したまま、何もしてくださらないのでしょうか。

もう一度考え直してみましょう。神さまは本当に全知全能なのでしょうか。神が全知全能であるということは疑ってもよいのではないでしょうか。あるいは、たとえ全知全能だとしても、神には人間の世界に介入しなければならない理由がないのかもしれません。

現実的に見て、常に私たちは、私たちを襲う試練に自分で立ち向かわなくてはなりません。では、神さまを信じる価値がどこにあるというのでしょうか。それを考えるヒントは、私たち自身がどんな存在として造られているかについて考えることにあるかも知れません。

新約聖書には、ある視覚障がい者に対して、周囲の人たちが「この人の障がいは、本人の罪のせいか、両親のせいか」と問い、それにイエス・キリストが答える場面があります。イエスの答えはこうです。「本人が罪を犯したからでも、両親が罪を犯したからでもない。神の業《わざ》がこの人に現れるためだ(1)」。

人が苦しみに置かれている時に、そこに神の業が現れるとはどういうことでしょうか。

先程も申し上げたように、私たちの常識では、何か困難や不幸に突き落とされた時、人は自分たちでそれを乗り越えてゆかねばなりません。神さまは人間がどんなにひどい状況に陥っても、声をかけたり、手を差し伸べたりはしてくれません。それなのに、「神の業」が現れるというのは、どういうことなのでしょうか。

たとえば、こんな風に考えてみてはどうでしょう。神が私たち人間を造ったと考えるなら、私たちはいわば「神の作品」です。また、旧約聖書には、「神は人を自分のかたちに創造された」と書いてあります。[2] 人間が「神のかたち」に造られたというのは、ちょっと意味不明な言葉ですけれども、要するに人間は神のようなものとして造られており、行いの内容によっては、神がやったこと（神の業）と同じだと考えることもできるのではないでしょうか。

では、神の業とはどういうものなのでしょう。

新約聖書には「神は愛だからです」と書いた一節があります。[3] 神が愛であり、人間が「神のかたち」に造られているのなら、人間は神の愛の代行ができるかもしれません。

人は愛し愛されることによって救われるように造られています。愛し愛される中で、人間は苦しみや悲しみ、悩み困難から立ち上がる力を得ることができます。もし、苦しみや悲しみ、悩みのの中にある人が、愛し愛されることによって立ち上がることができるのなら、それこそが奇跡であり、「神のかたち」に造られた人間の本領発揮ではないでしょうか。

苦しみや悲しみ、悩みがなくなるのはよいことです。しかし、もっと大切なのは、その苦しみ、悲しみ、悩みがなくならない場合、それでも生きてゆくためには何が必要かということです。それが、人間によって行われる神の業、すなわち愛し愛されるということだと思われるのですが、いかがでしょうか。

3　いまさら神なんて人間に必要なのか？

日本人にキリスト教が必要かどうかは、後に別の項でお話することにして、とりあえず海外でも少しずつ無神論者が増えてきているようです。私たちがどんなに独りで神さまに祈っても、現実の悩みの原因はすぐに無くなったりはしませんし、科学技術の進歩は目覚ましく、神に頼らなくても、大抵のことは解決できそうな気もします。古代人ならともかく、現代人に神は必要なのでしょうか？

結論を先に言えば、必要な人には必要、不必要な人には不必要でしょう。

神を信じることにメリットがあるかどうかを考えてみましょうか。メリットという言葉を聞くと、キリスト教の信徒の方々には非常に抵抗があるかもしれません。「私たちは打算的な利益のために信仰しているわけではない」とおっしゃる方も多いでしょう。しかし、この本は「疑い」から入って考えるためのものですから、ここはバッサリと味気ない言葉で話を進めてゆきましょう。

とりあえず、神や宗教を信じることのデメリットは色々と思いつきます。

たとえば、ありもしない非科学的なことを「あったあった」と言って、科学的なものの考え方をしている人を困らせる信者がいます。また、自分の信念や思い込みを押しつけてきたり、他人を「あなたは罪人だ」と裁いてきたりすることもあります。その信念がどんなに他人には理解できないものであったり、人権侵害的なことであったりしてもです。

また、明らかに本人の責任によって生じた過失や対立、事故、ハラスメント、暴力などについても、「自分のせいではなく、神が命じたからだ」と言い張ったり、「すべて神に赦されているのだから」と、神に責任転嫁《てんか》し、自己正当化したりするような信者もいます。

あげくの果てには、自分が所属している教団のために大金を献金したり、そのお金のために身の回りの人に意味不明で高価なものを売りつけたりすることもあります。

このような宗教信者の行為は、「百害あって一利無し」と言っても過言ではありません。神や宗教を信じているような人が信用できないと思われることが多いのも仕方のないことです。

では、神を信じることのメリットは何でしょうか。

実は、先程まで挙げてきたようなデメリットとは全く逆の生き方を、信仰が実現することも多いのです。

「神がこの世界を創造した」と信じることで、「科学が万能だ」と思わなくなることは悪いことではありません。それによって「人間がこの地球上で最も優れた生物だ」と思い込む過ちを避けることができます。地球環境を破壊し、他の生物を絶滅させてきた結果、自らの生存さえも脅かしつつあるのは、人間の傲慢《ごうまん》さと愚かさゆえのことだからだと考えることができます。「この世を造ったのは自分たちではない」という謙虚《けんきょ》さを持ち合わせることによって、私たちは人類の生きるべき方向を模索《もさく》する態度を持つことができるのです。

また、「神に愛されている」ということを意識することによって、人間はその愛に根ざし、良心（道徳的な善悪をわきまえ区別し、正しく行動しようとする心の働き。）に従った行動を追求し、命を尊ぶ心を育てることができます。「人間にとって、本当に幸福な人生とは何か」ということを研究し、実践するということが可能になります。また、世の中の差別や搾取、欺瞞《ぎまん》や暴力に抵抗する道を探る信仰者も現れます。

そして教会は、神と出会うきっかけを与えてくれたり、神について学んだり、信じたりする気持ちに基づいて、人として良心的な生き方を追い求めようと連帯するグループです。本当の教会とは、そうやって神と私たちを仲介し、生き方を研究する機関のような役割を果たす所なのです。

このメリットに気づかない人が少しずつ増えてきているというのは、残念なことです。

4　イエスなんて本当にいたのか？

キリスト教徒は、イエスという人物が神の子である、あるいは神そのものであると信じています。「イエス」というのは人の名前で、「キリスト」というのは簡単に言うと「救い主」という意味です。つまり、「イエス・キリスト」という言葉は、イエスの呼び名であると同時に、「イエスは私たちの救い主である」と告白する言葉でもあるわけです。

ちなみに、プロテスタント教会では「イエス」、カトリック教会では伝統的に「イエズス」、正教会では「イイスス」と呼びます。そして最近では日本でも、アメリカ風に「ジーザス」と呼ぶ教会も出てくるようになりました。ここでは、日本ではプロテスタント教会ふうに「イエス」と呼んでおきましょう。

そんなイエスという人物が本当に存在したのだろうか、という疑いを持っている人は少なくありません。

なぜなら、今から2000年前の本とはいえ、同じ時代の歴史書に比べて、聖書に書かれているのは、非常に理解し難い内容が多いからです。古代だから非科学的な迷信ばかり書く文書が多かったわけではありません。当時の歴史書などには、翻訳すれば現代人でも普通に理解できる文章が多いのです。

　しかし聖書の、特にイエスの生涯を記した「福音書」と呼ばれる文書には、イエスが非科学的な行いをしたことばかりが書いてあります。たとえば、イエスが水をワインに変化させたとか[4]、5つのパンと2匹の魚で5000人の人々を満腹させたとか[5]、あるいは水の上を歩いて湖を渡っていったとか[6]、非現実的なことばかりが書いてあるのです。またイエスが「私は天から降《くだ》ってきたパンである」と言ったとか、謎めいたことも書かれています[7]。

　このような理解不可能なことばかり書いてある文書に証言されているイエスという人物が、本当に存在していたということを、にわかに信じがたいと思う人がいても不思議ではありません。

　フラウィウス・ヨセフスという古代の歴史家が書いた『ユダヤ戦記』という書物には、「イエスという賢人がいて、大勢の人びとが弟子になったが、十字架での処刑を宣告された」といったことが書かれています。また、タキトゥスという歴史家の作品である『年代記』には、「(キリストと呼ばれる人物が)ポンテオ・ピラト(イエスが処刑されたとされる紀元30年頃のユダヤ地方を治めていたローマ総督)の手で極刑に処された」といった内容が書かれています。

　それらが、イエスの実在の証拠だと考えている人もいます。しかし、それも当時のキリスト教徒たちが主張していることを聞いて、それをそのまま書き込んだ可能性があります。

つまり、キリスト教徒が「これは本当のことです」と言っているだけであって、実際にはその裏付けはないということかも知れないのです。

ただ、後にキリスト教という宗教に発展してゆくイエスの遺志を継ぐ運動は、紀元1世紀の間にローマ帝国の中に爆発的に広がってゆきます。そのような運動の起爆剤になった人物が架空の存在であったということは、逆に考えにくいことではないでしょうか。

それに、福音書の中には、一般人が読むと「不都合な事実」と呼ぶべき事柄が書かれています。そこに書かれているのは、一見したところイエスの失敗であり、敗北です。なぜなら、彼は多くの人を病気や飢餓から救う活動を続けたのに、最終的には処刑されてその生涯を閉じてしまうからです。これは彼の活動が水泡に帰したことに他なりません。

まるでイエスを、よくある宗教の教祖のように、神々しい存在として祭り上げて美化するのではなく、このような「不都合な事実」を隠さずに書いているところに、逆にイエスが実在した証拠を見るのはおかしいでしょうか。

キリスト教というのは、敗北した創始者を崇める宗教なのか……。こんな変わった宗教は他になかなかありません。この創始者としてのあまりの「カッコ悪さ」に、歴史の現実を見ることができるような気がします。

5　イエスが神の子なんて本気で信じているのか？

クリスチャンは、イエス・キリストのことを「神の子であると同時に、神そのものだ」と言ったりします。この人たちは一体自分の言っていることがわかっているのでしょうか。

このようにクリスチャンが言う教義のことを「三位一体《さんみいったい》」といいます。神はおひとりですが、父なる神、子なるキリスト、そして聖霊という三つでもあるというのです。そして三つなのですが、一つでもあるという……。

この教義を誰にでもわかりやすく説明できる人は実はいません。クリスチャンの中にもほとんどいません。「私は説明できる」という人の話を聞いても、理解できる人はそうそういないでしょう。クリスチャンのうちの多くの人もわかってはおらず、「そういうものなのだろう」と納得して呑み込んでいるだけなのです。

そもそも、この教義はイエスが生きていた頃、またイエスが亡くなってキリスト教が生まれてきた当初にはなかったものです。イエスが亡くなって１００年近く経ってから、「三位一体」

という言葉が使われるようになってきました。

ただ、イエスの生涯を描いた福音書という書物の中では、イエスが生前から「神の子」と呼ばれていたことが記録されています。[8] ですから、イエスが神の子であるかどうかというのは、イエスの弟子たちにも、イエスのライバルたちにとっても、重要な問題であったことは確かなようです。

けれども、イエス自身が自分のことを神の子だと思っていたのかどうかは、はっきりしていません。イエスが「私は神の子だ」と言った形跡は福音書の中にわずかにありますが[9]、それが本当に彼自身の言ったことなのかは、学者によって意見が分かれています。

それよりも、むしろ間違いないのは、彼がひとりの生身の人間であったということです。

多くのクリスチャンに袋叩きにあうのを覚悟で言いますが、イエスが処女マリアから、生物学的な父親なしに生まれたというのは、大変意味深い神話ではありますが、事実ではありません。それは科学的にはありえません。「それでも神にはできるのだ」と信じている人もいますが、私はそういう信心は持っていません。

とにかく、イエスはある母親のもとに生まれたひとりの人間であり、彼には生物学的な父親もいたはずです。そして、現在もイスラエルという国にある、ナザレという村に生まれ育ちました。ナザレは今でこそ人口数万人の都市ですが、当時（今から約2000年前）は生活困窮者《こんきゅうしゃ》が住む貧しく小さな村でした。

そこで彼は大工、または石工として育ち、30歳ごろになって突如人びとの前に姿を現し、病気に苦しみ悩んでいる人の治療に心血を注ぎ、食うや食わずの人に食べ物を用意し、その日生活することで精一杯の人びとの思いを代弁しました。また、政治と宗教と経済を統括し、高額な税を取り立てて人びとを搾取している権力者に反抗しました。

そしてその結果、彼は当局に目をつけられ、逮捕され、スケープゴート（見せしめ、犠牲）として処刑されました。しかし、その死を目の当たりにした人びとの中から、彼は罪深い自分たち人間を神に立ち返らせるために犠牲になったのだという信仰が生まれました。

それまでユダヤ人たちの間では、神の思い通りに正しく生きることができない罪深い人間が赦されるためには犠牲が必要だと考えられ、たくさんの動物の犠牲が人間の身代わりとして神殿でささげられていました。しかし、イエスについてきた人びとは、その犠牲に人間である彼自身がなってしまったので、赦しは完結したと思い知ったのです。

もうこれ以上の犠牲は必要ない。もう二度とこんなスケープゴートを生み出してはならない。このように命を献げたイエスの愛は唯一無二だと人びとは思いました。そしてやがて、このような命がけの愛を示してくれたイエスこそ神の子ではないのかという信仰が生まれたのでした。これがキリスト教の生まれる発端のひとつとなりました。

「イエスは神の子だ」と言われるのは、彼が人からそう信じられるに足る、生き様と死に様を示したからだと言えるでしょう。

6　奇跡なんて本当にあったのか？

書いてあるとおりのことが起こったのかという意味であれば、答えは「ノー」です。

旧約聖書で最も有名な奇跡といえば、いわゆる「モーセの海割り」でしょう。モーセというカリスマ的な人物が、神の言葉に従って海に手をのばすと、海の水が分かれて乾いた海底が現れ、モーセに率いられた人びとがそこを通って追手《おって》から逃れたという話です[10]。こういう超自然的な現象を起こす奇跡のことを「自然奇跡」と言います。

新約聖書にもイエスが奇跡を起こす場面が頻繁《ひんぱん》に出てきます。たとえば、イエスが湖の水の上を歩いて渡ってゆくとか[11]、その湖で起こった嵐を一声でしずめるとか[12]。イエスはそのような自然奇跡を起こすことができる人のように描かれています。

このような奇跡が実際に起こったということは、非常に考えにくいことです。もとになる何らかの出来事の記憶があり、それに尾ひれがついて、話が拡大したものでしょう。

しかし、この「自然奇跡」以上に私たちにとって重要な意味を持っているのは、「治癒《ちゆ》奇跡」

と呼ばれるものでしょう。イエスは病人に触れて、触れた人の病気を治してしまったり、[13]障がい者を健常者にしてしまったり、悪霊にとりつかれている人（それが現代の医学でどういう病名がつくのかはわかりませんが）から悪霊を追い出したり、[14]はたまた死んでしまった人を生き返らせたりもします。[15]

この治癒奇跡が本物であったかどうかは、私たちにとって非常に切実な問題です。というのも、実際に世の中には様々な病気や障がいで痛みや悩みを抱えている人がたくさんいるからです。肉体的な苦痛や精神的な苦痛だけでなく、人からの偏見や差別によって、さらなる苦しみが加えられる社会的な苦痛もあります。私たちは「治る」ことを目指して医療の力を頼ります。あるいは治らなくても、病と共に生きることを可能にしたいと望んでいます。

もし、イエスがこの場にいて、私たちの病気をその奇跡の力で癒してくれたら、どんなに素晴らしいことでしょうか。しかし、実際にはイエスはここにいません。イエスが癒しの奇跡を行っているのは、聖書の中だけです。どんなに自分が元気な時に「イエス様はすごい」とほめ称えたところで、いざ病気になった時、その場で奇跡が起こらなかったら、そんなイエスの奇跡に何の意味があるでしょうか。

もちろん、奇跡的治癒が現代世界で実際に起こったという事例も聞くことはあります。治るはずがないと思われていた末期がんの患者の体から、一夜にしてすべてのがんがなくなったという話もあります。ですから、そういうことは絶対に起こらないと決めつけることはできないでしょう。しかし、そういうことが起こるのはレアなケースです。

そして、おそらくイエスの治癒奇跡も、科学的に考える限り、書かれているとおりにすべてがうまくいったと考えることは難しいでしょう。

イエスが病気や障がいを治そうとしたことは間違いないと思います。悪霊も本気で追い出そうとしたのでしょう。そして、その気迫が功を奏したこともあったでしょう。しかし、おそらく治らなかった病気もあったのでしょう。生き返らなかった人もいたでしょう。そして、失望して彼のもとを去った人も少なくなかったでしょう。

おそらく彼のそばに残ったのは、治らなくても彼の愛を信じた人たちだったのです。

彼より前には、彼のように癒そうとした人はいませんでした。特に当時彼が生きていたユダヤ地方では、病気や障がいは悪霊や汚れた霊にとりつかれたためか、あるいは神の罰であろうとされ、町や村から追放されるという扱いがスタンダードだったのです。

しかし、彼は「そうではない」と言って闘いました。「あなたは赦された」と説いて回り、必死に癒しのわざを行いました。(16) そうすることで、勝手に神が下した罰を赦す、すなわち「神に反抗する者」として彼自身の命が狙われることを知りながらです。彼は神に反抗してでも人を癒したかったのです。

その癒しのわざは、治癒には至らなかったけれども、誰からも見捨てられた人たちを救いました。絶望と虚しさに満たされていた人が受け入れられる場所を作りました。

そんな彼を信じた人たちが、彼の癒しの偉大さを宣べ伝えたのでしょう。

7　イエスが人格者だとは思えないのだが

「人格者」とは、一体どんな人のことを言うのでしょうか。

いつもにこやかに微笑んで、誰もが納得するような立派なお言葉を垂れる人のことを指すのでしょうか。優しく、物腰柔らかで、誰も傷つけないように配慮に満ちた態度を取れる人のことでしょうか。そんな人物を「人格者」と呼ぶのであれば、イエスはまったくそれに当てはまりません。イエスは多くの人が宗教の開祖として想像しがちな、高貴で優雅な雰囲気に満ちたお方ではないのです。

特に彼の論争のやり方は、「人格者」には程遠いものです。彼のライバルであった律法学者と呼ばれる人たち（ユダヤ教の戒律「律法」の研究者たち。民衆を指導する立場にあった）との論争で、彼らのことを、クソ味噌に非難したりしました。(17)

イエスは、貧困にあえぐ人や、いつも空腹を抱えている人、泣いている人には、「おまえたちは幸せだ。腹一杯になるまで食えるようになる。腹の底から笑える日が来る」と声をかけました。[18]その一方で、財産のある人や、毎日満腹になるまで食べられる人、毎日笑って暮らせている人に対しては、「災いあれ、おまえたちは叩き落され、飢えるようになり、泣くようになるだろう」と呪いました。[19]

イエスという人を突き動かしているもののひとつに、「怒り」あるいは「憤り」があります。世の中の不公正や不平等、差別、抑圧、権力による不当な支配や経済力の格差、そして搾取《さくしゅ》などなど……そのような諸々の問題について、イエスはかなり怒っています。

実は、昔も今もそうやって痛めつけられている側の人びとは、みんな怒っています。しかし、はっきりとその怒りを表すと、自分たちがさらに痛めつけられることがわかっているので、あえてそうしない人が多いのです。怒りを表すどころか、殻に閉じこもったり、卑屈に笑ったりすることしかできない場合もたくさんあります。

ところが、攻撃され、弾圧されることを承知の上で、あえて怒りを表し、闘う人もいます。イエスはそういう人でした。彼は権力者や富裕層や差別者が大嫌いで、弱い立場におかれた人、貧しい人や差別されている人が大好きでした（貧しい人に施しをするお金持ちは好きだったようです）。[20]そして、そのような世の中の上下関係がひっくり返って、今笑っている者が引きずり降ろされて泣くようになり、今泣いている人が引き上げられて、笑うようになる世界が来るのだと言って、弱い立場におかれてしまっている人びとを励ましたのです。

イエスは怒りにまかせて口汚く罵《ののし》る人なので、彼が味方をした被差別者や貧困者は、大喝采《だいかっさい》で喜び、もろ手をあげてイエスを支持したでしょう。その一方で、権力を握る人びとは、そんなイエスのことを実に不愉快《ふゆかい》だと思っていたでしょうし、イエスのような反抗者が支持を集め、やがて暴動のようなものに発展するのを恐れたのでしょう。イエスの活動のごく初期から、彼の命を奪おうという計画が始まっていたようです。

おまけに彼は、エルサレムという聖地にやってきた時に、最も聖なる場所とされていた神殿の境内《けいだい》で、宗教と政治と経済の中枢を構成していた、祭司という階級に対する怒りをあらわにして、小さな規模ではありますが、暴動を起こしてしまいます。(21) これが彼の殺害を決定的にしました。

最終的に彼は十字架につけられ、処刑されることになってしまいました。当初は彼を支持していた群衆も、彼の殺害を、興奮に満ちた娯楽を観るかのように、面白がってはやし立てるような有様でした。(22)

世の中に怒りをあらわにし、声を上げたり、実力行使をしたりすると、このように力を持つ者から反撃にあい、最悪の場合、命を奪われることがあります。彼はその典型です。

しかし、彼はお行儀よく黙っていることができなかったのです。彼は「この問題が早く是正されて、公平な世の中になればいいですね」と冷静に話すこともできませんでした。彼は身の安全も顧みず怒りを表しました。それは賢いやり方ではなかったかもしれませんが、彼の姿に、大いに慰められ、力づけられた人は多かったでしょう。

今の社会においても、世の中の矛盾や理不尽な差別のために泣いている人はたくさんいます。しかし、聖書を通して伝えられているイエスの怒りが、今も励ましを与えてくれます。イエスは苦しむ者と共に苦しみ、怒る者と共に怒ってくれる。そうやって「今もイエスは我々と一緒に生きてくれている」と感じることができれば、それも一種の「イエスの復活」と言えないことはないでしょう。

もちろん、今の世の中で怒っている人が、みんなイエスと同じやり方をするとは限りません。むしろそうでない人のほうが多いでしょう。イエスのように失敗して殺されたりしないように、注意深く世の中を変えようとしているのです。けれども、一緒に怒ってくれるイエスと、一緒に大笑いするよき日のために、怒りをじょうずに表明しようと工夫し、努力しているクリスチャンは少なからずいます。

怒りのあまり「人格者」ではおれなかったイエスですが、そんな彼に力づけられている人は、今もいるのです。

8　イエスが復活したなんて本気で信じているのか？

イエスの復活というのは、キリスト教で最も大切なことであり、復活がなければキリスト教には何の価値もないと言われます。実際、聖書には「復活がなければ、宣教も信仰も無駄だ」と書いてあるところもあります[23]。

しかし、イエスが復活したというのは本当でしょうか。

生物学的に考えれば、一度死んだ人間が生き返るということは全く考えられません。イエスは死んで3日目に復活したと言われています。3日目というのは死んで少なくとも48時間後ということです。心肺停止の状態で、何の手当もされないまま48時間たってしまったら、その人が蘇生するのは、およそ不可能と思われます。「神には不可能はない」と言い張るクリスチャンもいますが、本当にそうでしょうか。

聖書を読むと、イエスが復活したと証言している複数の記事の間には矛盾があります。いちばん最初に書かれた福音書には、お墓が空っぽだったと書いてあるだけです[24]。その次の世代に書かれた福音書にはイエスが姿を表していますが、お墓の前ではありません。[25] さらに、次の世代に書かれた福音書では、イエスがお墓の前に姿を現しています。[26]

つまり、イエスが復活したという話は、あとの時代になるほど「盛られて（演出されて）」いるのです。そうなると、何が事実なのかはわからないということになります。

少なくとも、最初の福音書には、お墓が空っぽだったと伝えられているので、そのあたりまではかろうじて事実だったのではないかとすると、肉体的に蘇生したイエスの姿を確認した人は、本当はいなかったのではないでしょうか。

あるいは、この最初の福音書でさえ、イエスが亡くなってから少なくとも10年、おそらく30年後に書かれたとも言われていますから、お墓が空っぽだったというのも、作られた話かもしれません。そのようなわけで、ますますイエスが実際に生き返ったかどうかは怪しくなります。

しかし、たとえ作り話だったとしても、なぜ、お墓が空だったという話を語らなくてはならなかったのでしょうか。イエスの遺体はそこにはないということは、たとえばイエスの遺体を誰か関係者が持ち去ったのではと推測されても仕方がありません。

イエスはひとりの人間として、他の誰もと同じように、息を引き取ったのです。しかし、イエスの思い、イエスの働きを、このままでは終わらせないという意志が、この物語を伝えようとした最初の人たちの間にはあったのではないでしょうか。

最初の福音書には、空っぽのお墓の中にいた若者が、「あの人はここにはおられない。ガリラヤに行けばお目にかかれる」という場面があります。(27)ガリラヤというのは、イエスが生まれ育った地方で、彼が悩む人の友となり、病気の人を癒し、飢えている人と一緒にものを食べ、痛めつけられる人と共に闘った最初の場所です。つまり、イエスの言葉と働きの原点です。

つまり、「ガリラヤに行けばイエスに会える」というのは、イエスが死んだ後も、イエスの言葉が話されている場所、イエスの働きが受け継がれ、行われている場所、そこに行けば、あなたもイエスに会えるのだということを意味しているのです。

言い換えれば、イエスの地上の人間としての命は終わっても、新しい形でのイエスの命はまだ終わっていない、いやまだ始まったばかりだと、弟子たちは思っていたのでしょう。

そして、現代の私たちも、たとえ肉体のイエスを見ることができなかったとしても、悩む人が友を得、病気の人が癒され、飢えている人が食べ、痛めつけられている人と共に闘う人のいる場所に行けば、「イエスの命がここに今も生きている」と感じることができます。その時その場に、イエスは復活しているると言えるのではないでしょうか。

9　聖霊というのがわからない

先に「三位一体」という言葉をご紹介しました。神は三つであり、一つであるということです。三つというのは父なる神と、子なるイエス・キリストと、聖霊の三つです。この三つは三つとも神で、しかし一つの神なのだというのです。よくわかりませんね。これは理性で理解するのではなく、説明もできないし、そのまま丸呑みするものだとキリスト教では言われています。

ただ、そうは言っても何とか理解したいと思うのが人情です。そして、多くの人が「父なる神というのは、まあわかる。神の子なるキリストというのも、まあわかる。しかし、聖霊とは何かというのがよくわからない」とおっしゃいます。聖霊とは一体何なのでしょうか。

聖霊とは聖なる霊です。「聖なる」というのは、神がかったもの、他のものとは違った特別なものという意味です。では霊とは何でしょうか。

聖書が書かれた原語では、「霊」とは「風」あるいは「息」という意味も持ちます。霊は風であり、息です。古代人はこれらを、大きく分けないで1つの言葉で表現していたようです。つまり、霊は風であり、霊は息でもあるのです。古代人にとっては、風の動きは霊の動きでした。そして、息は私たちの鼻や口を通っている風であり、その風が止まるとき、すなわち息が止まるときは霊の動きが止まるときであり、そのとき人間は死ぬのです。

風は、私たち現代人にとっては、空気の動きに過ぎません。そして空気はほとんど8割が窒素で、およそ2割が酸素。あとはその他諸々がほんの少しずつということを知っています。しかし、古代人にとっては、風は霊だったのです。そして、風が吹いてくるとき、古代人は霊の動きを感じていたのです。

聖霊すなわち聖なる霊は、言い換えると、神からやってきた特別な風です。同じ風でも人間のものではなく、神から来た風が聖霊なのです。

神から来た清い聖なる霊が聖霊なら、汚れた霊、悪い霊も存在すると古代人は考えました。そして、この汚れた霊や悪霊が人間の中に入ると、人は病気になるとされました。ですから、イエスが汚れた霊や悪霊を追い出すと、その人の病気が治ったというような物語が語られるようになったのです(28)。

さて、この聖霊を現代の私たちはどのように捉えればよいのでしょうか。

これには、古代人の感覚を想像して、呼び覚ます必要があります。空気の組成など忘れて、「空気の流れは霊の流れである」とイメージします。そして、空気の流れの中には、人間の霊や汚れた霊ではなく、神から来た特別な霊もあるのだとイメージしてください。これは一種のイメージ・トレーニングです。

そして、この霊が自分の体を満たしてくれるとイメージしてみましょう。「神さま、どうかあなたの霊を私に送り、私を満たしてください」と心の中で祈ってみましょう。うまくいけば、あなたの心はリフレッシュされ、リラックスし、もっとうまくいけば何らかのインスピレーションを得ることもできるでしょう。

よくクリエイティブな仕事をしている人が、「降りてきた！」と言う時がありますが、それも一種の聖霊の体験です。「インスピレーション」というのは、語源をたどれば「スピリット」が「イン」すること、つまり霊が入ってくるという意味の言葉なのです。

そう考えると、三位一体の中で、実は一番身近なのが聖霊であると言うこともできます。伝統的なキリスト教の説明でも、父なる神は「遠く天にいらっしゃる方」、子なる神は「過去にこの世に来た方」、しかし聖霊は、「今私たちに働く神の力」であると言われることがあります。

それをもう少し現代ふうの言葉に直すと、先程申し上げたように、イメージ・トレーニングによって得られる、私たちを新しくしてくれる霊的な力と言うことができます。

エルサレム近郊の
ベタニアの山から
天に昇っていった……。
（ルカ福音書）
ガリラヤの山から
（たぶん、だけど）
天に上げられた……。
（マタイ福音書）
聖書ってムジュンしてる
本日のメッセージ
「イエス、天に還る」
ど、どっち
やねん！
説教できへん
やないか！

10　聖書は神が書いたというのは本当か？

聖書は神が書いたものだと信じている人がいます。あるいは、人間が書いたにしても、神さまが語りかけた言葉をそのまま書き留めたもので、一言一句間違いも矛盾もない書物だと言うクリスチャンもいます。果たしてそれは本当でしょうか。神さまはヘブライ語で人間に話しかけて旧約聖書を書かせ、ギリシア語で人間に話しかけて新約聖書を書かせたのでしょうか。

「聖書は神が書いたのだから、一言一句間違いも矛盾もない書物……」。しかし、神が絶対に間違いを起こさないかどうかは別にしても、聖書の中に矛盾はいくつもあります。

たとえば簡単なところでは、「人間は行いではなく、信仰だけで救われる」と書いてあるところがあれば、[29]「信仰だけでは救われない。人は行いによって救われる」と書いてあるところもあったりします。[30]このような矛盾は、実は書かれた記事によって作者が異なるから起こるのだと考えるほうが、理にかなっているのではないでしょうか。

あるいは、イエスを裏切って死んだと言われているユダという人物について、ある聖書の箇所には「首をつって死んだ」と書かれていますが(31)、別の箇所では「崖から落ちて死んだ」と書いてあります(32)。これはなぜかと私があるクリスチャンの方に質問すると、「それは崖の上で首をつって、失敗して落ちて転落死したのです」と苦しい説明をしていました。

今は聖書に関する学問は発達していて、実際には、それぞれ違う言い伝えが、違うルートを通って伝えられ、違う文書の中に収められているために、このような食い違いが起こったのだということがわかっています。

また、旧約聖書ではユダヤ人以外の民族はみんな敵で、「滅ぼし尽くせ」と神が命じているのに(33)、新約聖書では「ユダヤ人も異邦人（他の民族）もない、みんな神に愛された者だから差別してはならない」というようなことが書いてあります(34)。ということは、神さまがどんな方かという解釈も、時代や書き手によって変わってきているから、このような主張の違いが起こるのだということもわかります。

決定的なのは、「ルカによる福音書」という、新約聖書の3番目に収められている文書で、そのオープニングにこのような言葉が入っています。

「敬愛するテオフィロ様、私もすべての事を初めから詳しく調べていますので、順序正しく書いてあなたに献呈するのがよいと思いました(35)」。

神さまが書いたのなら、たとえ身分の高い人が相手でも、「誰々さま、あなたに献呈いたします」とは言わないでしょう。これは聖書が、人間の書いた本であることの間違いない証拠です。しかし、「聖書は神によって書かれた」というのが、事実を指す言葉ではなく、「そのようにクリスチャンが感じているということだ」と解釈すればどうでしょうか。

確かに聖書は人間によって書かれました。そして、書いた人の主観、考え方などが色濃く反映しています。書かれた地域や時代状況も文書によって違います。ですから、ところどころ言っていることに矛盾もあります。それが旧約聖書だけで39巻、新約聖書でも27巻もあるのですから、かなりの食い違いや矛盾もあって当たり前です。

しかし、これだけたくさんの人びとが書いた、幅のある思想の収められた書物が、すべて神について証言するものの集大成であるというのは、すごいことではないでしょうか。そして、神についての複数の解釈があるということは、逆に考えると「これが正解だ」と決めつけてしまわないという意味で、人間が神について考える際の自由を保証してくれていると考えることができるのではないでしょうか。

神についてこんなにバラエティ豊かな書物の集まりが、何千年もかけて伝えられていること自体が、一種の奇跡ではないか。ひょっとしたら、神の特別の意志があるのではないか……。そう感じることができれば、たしかに「聖書は神によって導かれた書物の集まりだ」と言い得るのかもしれません。

11　聖書には嘘ばかり書いてあるんじゃないのか？

たとえば聖書には、この世が6日間でできあがったと書いてあります[36]。

また、聖書（特に旧約聖書）には、登場人物が何歳で亡くなったかを書いてあったりするところがあります[37]。私自身は数えたことがありませんが、それを全部足してゆくと大体6000年になるそうです。ですから地球ができてから今はおよそ6000年だろうという計算をしている人もいます。

私たちは、実際にはこの宇宙がおよそ138億年前に生まれ、地球の年齢はおよそ46億年であろうということを知っています。しかし、クリスチャンの中にはそれを信じない人たちがいます。科学的な知見を受け入れている人と、受け入れていない人に二分されています。

日本では人間がサルから進化して発生したものであろうと考えている人のほうが多いようですが、神が人間を土の塵から作り、鼻に息を吹き入れたから生きるものになったのだと、聖書に書いてあるとおり信じている人も世界にはたくさんいます[38]。

一方、地上のすべての陸地を覆い、すべての動物を溺《おぼ》れさせるような大洪水が起こって、一家族だけが箱舟で生き残ったという話が聖書には書かれていますが[39]、実は地球上のH_2O（水）を全部液体にしても、すべての陸地を覆い尽くすほどの量はありません。

では、聖書に書いてあることは、ほとんど嘘なのでしょうか。何のために古代人はこんな嘘ばかりの文書を残したのでしょうか。

実は、そこには少し誤解があります。

そこに書かれているのは、「嘘」ではありません。「神話」なのであり「伝説」なのです。それらは、神さまが登場する「物語」なのです。

浦島太郎の物語に「嘘ばかり書いてある」とクレームをつける人はいないのではないかと思います。亀の甲羅に乗って水に潜ると溺れます。しかし、あの物語にはあの物語特有の面白さがありますし、何らかの教訓や意味なども含まれているでしょう。

同じように、旧約聖書にある、この世界が6日間でできたという物語にも意味があります。それは、「人は週に1日は休みなさい」ということです。「神さまが6日間働かれて、7日目に休まれたのだから、人間も7日目には休みなさい」という教えです[40]。これは古代では画期的な発明で、それまでは労働者には決まった休日というものがありませんでした。しかし、週に1日は休んだほうが生産性は上がるということを人類は発見しました。ですから、それを広く知らしめるためにこのような物語が作られたというのが、ひとつの説です。

神が人間を土の塵から作ったというのも、人間という存在の儚《はかな》さを表しています。土の上に倒れた人間の遺体は、やがて腐って、最後には乾いて土に還ってゆきます。「人間とは土から出てきて、土に還ってゆくものだ」という無常観を表しています。

また、土のかたまりであった人間の鼻に、神さまが息を吹き入れてくださったから人間は生きているのだという物語を読むと、古代人は人間の息が神さまの霊だという考え方をしていたというることがわかります。古代人は息と風と霊は同じものだと考えていたので、鼻の穴を出入りする風が霊であり、その霊の動きが止まることが、すなわち息を引き取ることだと考えていたのです。

「これらは神話であり、事実かどうかではなく、込められている意味が大切なのだ」と理解すれば、このような聖書の物語もすんなり受け入れられるのではないでしょうか。

すべてのクリスチャンではありませんが、「聖書に書いてあることはすべて事実である」と考えている人は確かにいます。中には、「聖書には恐竜のことが書かれていないから、恐竜は実は存在しなかった。世界中にある化石はすべてフェイクだ」と言う人までいます。こういう主張を振りかざせば、逆に「ほら、聖書は嘘ばかりだ」という反論も出てきて当然です。

しかし、違います。事実かどうかは問題ではありません。聖書には深い意味を持つ神話がたくさん収められているのです。どうかそれを、おとぎ話のように楽しんでください。

12　聖書と進化論は矛盾しないのか？

矛盾します。

人間は神によって造られた。最初の人類はアダムとエバである。サルから進化したということはありえない。そのような考え方を「創造論」といいます。

「創造論」と「進化論」のどちらが正しいのかという論争は、長年続けられてきました。特にアメリカではこの論争は激しく、どちらが議会で多数決を取るかによって、学校で教える教科書の内容が変わります。つまり、その州の政治の行方によっては、世界が6日間でできたということが理科の授業で教えられるようになるのです。

日本ではそのようなことはないだろうと思われる方が多いでしょう。しかし、たしかに教科書検定は通っていませんが、創造論を教える理科の教科書はわずかに出版されています。

しかし私のこの本では、いちおう進化論の立場を取っておきます。進化論の方が科学的に理にかなっていると思われるからです。ただ、創造論を信じる人も一定数おられるというのも事実です。その方々に「創造論など信じるのはやめろ」とまで言うつもりはありません。何を信じるかは人それぞれ自由です。そして、この問題は論争で決着がつくものではありません。ただ、この本では、科学的知見を拒否しないということです。

さて、そうなると、人間が神によって造られたという物語は嘘なのでしょうか。

これは前章でも申し上げたように、神話です。ですから、その話が事実かどうかより、何を言いたいのか、何を意味しているのかに注目するほうが大事です。

聖書には、神がご自分のかたちに人間を創造したと書かれています。(41) これはとても大切なメッセージです。

人間は神のかたちに創られた。ということは、この物語は、人間ひとりひとりが神のように素晴らしい、尊い存在だということを言いたいのです。神は最高の存在です。ということは人間も最高の存在なのです。それは神のように自由自在で、尊厳があり、決してその生命が不当に扱われたり、奪われたりしてはならない、非常に価値ある存在だということです。

そして逆に、人間を冒瀆《ぼうとく》するということは、神を冒瀆しているのと同じほど、愚かで醜《みにく》く邪《じゃ》悪《あく》な行為です。

つまりこれは、究極の人間中心主義、ヒューマニズム宣言なのです。

クリスチャンの中には、神中心主義と人間中心主義を相反するものとして考える人たちがいます。神よりもヒューマニズムを優先させてはならないというのです。

しかし、実はそうではなく、聖書によれば、神中心主義であることと人間中心主義であることとは表裏一体です。なぜなら、人間は神と同じような存在だからです。

天地創造のプロセスにおいて、6日目に仕事を終わった神が、自分の造った世界を見て、「それは極めて良かった」と感想を述べたことも書かれています。[42] この世のすべては、神のお気に入りの作品なのだということを言おうとしています。

聖書の天地創造の物語においては、それが事実であるかということは大事な問題ではありません。それはこの地球と人間がいかに神々しいものであるかを伝えようとした物語なのです。

そう考えると、天地創造の物語と進化論とは必ずしも矛盾しません。進化論は科学的な見地から人間の発生を研究し、聖書は神話として人間の価値を説きます。その2つはそれぞれに正しいことを私たちに教えてくれる大切な考え方なのです。

科学によって解き明かされつつある生命の神秘は、それがあまりにも見事にできているがゆえに、まるで神が創ったかのような感動さえ私たちに覚えさせます。そのような生命の神秘を大切にすることを、聖書の物語は教えてくれているのではないでしょうか。

13 信仰なんて妄想か願望の投影じゃないのか?

残念ながら、「この人が信仰と呼んでいるものは、単なる妄想ではないのか」と思わされるような信仰者はいます。「それは単にあなたが望んでいることを、神さまの名前によって正当化しているだけではないですか」と言ってやりたくなるようなクリスチャンもいます。嬉しいことがあった時、「やっぱり神さまはいらっしゃる」と喜んだり、素晴らしいアイデアや目標が浮かんだ時、「これは神が私たちにお示しくださったビジョンだ」と興奮したりすることは悪いことではありません。

しかし、自分たちがやっている深刻かつ組織的な犯罪や人権侵害なども、「これは神の御心だ」と主張して譲らないクリスチャンもいます。

たとえば一例をあげると、後の章でも取り上げますが、LGBTQ＋《エルジービーティーキュープラス》（セクシュアルマイノリティ［性的少数者］を代表するレズビアン、ゲイ、バイセクシュアル、トランスジェンダー、クエスチョニングの5つの頭文字を取った言葉に、「＋［プラスアルファ］」を付けた通称です。）に対する一部のクリスチャンによるヘイトは非常に激しいものです。このようなクリスチャンは、性的マイノリティのセクシュアリティをありのままに認めることができず、変えさせるのが、自分たちの神から与えられた使命だと思っています。聖書を引用しながら、「あなたがたのような人は死ななければならないと書いてある」と主張する人さえいる始末です（レビ記20・13の誤読）。また、そこまでひどくなくても、クリスチャンはクリスチャン同士で、何が正しいことなのか、何が神の御心なのか、よく論争をします。まったく正反対のものの考え方を、お互いに「自分が神の御心を知っている」と思って主張するので、その論争には決着がつきません。同じ聖書を読み、同じ日本語を使っているはずなのに、相手が何を言っているのかさっぱりわからないということまであるのです。

あるクリスチャンは、「神のご意志は聖書にはっきりと書かれている」と主張します。しかも「私たちは聖書に書かれていることを、そのままに理解している」と言います、言語とか文章というものを理解する時、人間の脳で行われているのは、ことごとくその言葉の「解釈」に過ぎないのだと私などは考えてしまいますが、そういった話はこの手のクリスチャンには通じません。自分たちが「正しい」と思うことが「正しい」のであり、それを信じることが「信仰」なのであり、その「信仰」は絶対なのです。

こうなると一体「信仰」とは何なのか、何のために「信仰」があるのか、そんなものが本当に必要なのか、よくわからなくなります。信仰者は、自分の望んでいることを正当化するために、神という幻想を利用しているに過ぎないのではないでしょうか。

そんな様子を客観的に見た誰かが、「クリスチャンとは何と愚かな人びとなのだろう。信仰とは何と身勝手な思い込みなのだろう。信仰など持たないほうがよほどマシだ」と思ってしまっても仕方ないのかもしれません。

そこで考えるのですが、いっそのこと、人間には神の御心など知ることはできないのだと割り切ってしまってはどうでしょうか。神の意志のほんのかけらでさえも、人間にはわからないのだと断定してしまってはいかがでしょうか。もし「これが神の思いではないか」と思うような出来事があったとしても、あえて勇気をもってそれを否定するのです。

そもそも、人間に把握できてしまうような存在を神とは呼べません。もし神を絶対的な存在だと信じる気があるのなら、それに対して人間はすべて相対的な存在なのだということを自覚するのが「信仰」だと考えてはいかがでしょうか。

つまり、信仰とは、「自分は神のことなど何もわかっていない」、「自分は本当に正しいことが何かということなどわかっていない」ということを自覚するためにあるものだと考えるのです。そうすれば、みんな神の前に謙虚になって、互いに平和を築くことができるのではないでしょうか。

人間が互いにわかりあえるというのは幻想です。そういうものだと思って、あきらめておかないと、争いは終わりません。「私は神から見れば、ひょっとしたら間違っているのかもしれない」と常に思っているくらいでちょうどよいのではないでしょうか。

祈るってむずかしい

どうか私の畑に
恵みの雨を
降らせたまえ!
明日から
林間学校だから
期間中、ゼッタイに
晴れますように!
あのう～
あまり神さまを
困らせないで
くださいね(汗)
だって全能じゃないかも
しれないんですから!
(い、言っちゃったよぉ……)

14 祈っているだけで何になるのか？

クリスチャンはよく「祈っています」と言います。よく言われる冗談で、「クリスチャンが『祈っています』という時は、『そろそろサヨナラにいたしましょう』という意味だ」というものがあります。別れの挨拶として「じゃあまた。祈っていますよ」という言葉が習慣化しているのです。

しかし、果たしてお祈りというものは、何か効果があるのでしょうか。クリスチャンの願いごとは必ず叶《かな》うのでしょうか。たとえば、試験に受かりますようにと祈っていれば、勉強をしなくても試験に受かるのでしょうか。事故に遭わないようにと祈っていると、本当に事故に遭わないのでしょうか。あるいは、災害に遭った時や、戦争に巻き込まれた時、祈っている人は命拾いするのでしょうか。

そんなことはありえないでしょう。祈りだけで何か自分に都合よくことが運ぶなどということはありえません。たとえば戦争を例に取るならば、戦っているどちらの国にも、自分の国が勝つようにと、あるいは少なくとも自分や自分の家族くらいは助かりますようにと、誰もが祈るでしょう。しかし、戦争はどちらかが勝つといった単純な終結の仕方はしませんし、必ず誰かが命を落とします。それも膨大な数の人の命が失われます。災害でもそうです。命を落とした被災者は祈らなかったからそうなったのでしょうか。そんなことはありません。多くの人が死にたくないと願いながら亡くなっていったのです。もし祈ることができたなら、「生きたい」と思って祈ったのではないでしょうか。

それなら、祈りに何の意味があるのでしょうか。祈るだけで何になるのでしょう。

おそらく、祈りによる願いごとは叶わないものなのでしょう。少なくとも、願った通りの幸運が自分に起こることはないのだと思っておいた方がよいのでしょう。あるいは、願いが叶うとしても、それは自分が思い描いていたようなものとは全く違う結果になるのだとわきまえておいた方がよいのではないでしょうか。その、予想とは全く違った結果を受け容れることができる心を、信仰と呼ぶのかも知れません。

そもそも祈りとは願い事のことでしょうか。

祈りには様々な要素があります。願いごと以外にも、感謝、懺悔、怒り、嘆き。そして、ただ神に話を聴いてもらいたいだけだったなど、様々なことを私たちは祈りに託します。

感謝と言っても、一見自分にとって都合のよい出来事を感謝する場合もあれば、自分にとっては試練でしかない状況を感謝する心を人間は抱くことがあります。あるいは、祈りが逆境を感謝に変えてゆくことがあります。

懺悔といっても、自分が気づいている程度の悪について赦しを請うだけが懺悔ではありません。自分の気づいていないところで、誰かを傷つけ、踏みにじっているかもしれないことを、気づかせてくださいと願う祈りもあります。

そして、私たちは孤独に陥った時、神と対話することができます。他の誰からも見捨てられた時、最後に話しかけることができる相手が神です。もちろん神は黙っています。しかし、樹や草のように、私たちの嘆きや悲しみを受け止め、吸い込んでくれるのです。

そして、どんな逆境に襲われても、祈ることによって私たちは、神だけには見捨てられてはいないと信じることができます。

私たちは、どうしようもない窮地に立たされた時、思わず祈らずにはおれません。願いがかなうか、かなわないかにかかわらず、私たちは命の尽きる最期まで、自分を見捨てない神を信じたい思いで、祈ってしまうものなのかもしれません。

15 クリスチャンは誰でも敬虔なのか？

「この人は敬虔なクリスチャンです」と人に紹介されることがよくあります。「敬虔なクリスチャン」という言葉は、もはや使い古された慣用句です。まるで「クリスチャンならみんな敬虔なはずだ。敬虔でなければクリスチャンじゃない」と言わんばかりです。

しかし、クリスチャンの誰もが敬虔なのでしょうか。また、敬虔でなければならないのでしょうか。

日本ではクリスチャンというのは珍しい存在です。全人口の0.8％しかいないという話もありますから、「変わった人たち」なわけです。ですから、何か珍しい特徴みたいなものがあるのではないかと好奇の目を向けられたりしますし、逆に特徴がない（特に敬虔そうではない）場合、がっかりされたりすることもあります。

しかし、これは少数者だからこその現象なのであって、クリスチャンが多数派の国であれば、そんなことはあまり問題にならないでしょう。もちろん強烈に自分たちがクリスチャンであることを意識するグループがあることも事実ですが、大抵の人が幼児洗礼を受けているような国では、「クリスチャンと言っても色々だ」というのは常識です。聖人から殺人犯まで、皆クリスチャン。また、人々から尊敬を集める人格者でも信仰の薄い人がいれば、重大な犯罪を犯す人が妙に信心深かったりもします。つまり「クリスチャンらしさ」などというものはないのです。

しかし、日本ではクリスチャンは少数者なので、多少自意識過剰気味になります。そのため、「クリスチャンらしさとは」といったことを考えたり、悩んだりしがちになるのです。そして、ことさらに身なりをきちんとしてみたり、上品な言葉遣いをしたり、奉仕の精神にあふれた振る舞いをしてみたりする人もいます。

そうやってクリスチャンの評判を上げることを、「証《あかし》をする」と表現する場合があります。少しでもクリスチャンが模範的な人間であることを証《あか》しし、可能ならば1人でもクリスチャンの仲間に加わってくれればと願うのです。逆に、クリスチャンの評判を下げるような行いをすると、「あれでは証にならない」とクリスチャンどうしの間で非難されたりすることもあるのです。マイノリティならではの苦しさです。

聖書には「真理はあなたがたを自由にする（解放する）」という言葉があります。(43)「真理」とは「本当のこと」という意味です。世の中で一番本当のこととは、神が人間を心底から愛しているということです。神の愛は無条件の愛です。つまり、どんな人間であっても、またどんな振る舞いをしたとしても、その人がそこに存在している限り、そのままで大切な存在であるということです。

人はそのままで大切な存在であるということが、最も大切な「本当のこと」ですから、人間は本来、自分の本当の姿で自由に生きてゆくことが望ましいのです。

つまり、「クリスチャンらしさ」にとらわれずに自由に生きるのが、「クリスチャンらしさ」とも言えるでしょう。そして、「クリスチャンらしさ」だけでなく、世の中のあらゆる「らしさ」にとらわれて生きる人に対して、「あなたらしく生きればいいんだよ」と促すことができるのが、クリスチャンの本来の良さなのではないでしょうか。

「男らしく」、「女らしく」、「大人らしく」、「母親らしく」、「父親らしく」、「子どもらしく」等々、様々な「らしさ」に私たちは縛られて生きています。そのことが自分や他人を苦しめていることがあります。

そんな人間社会の中で、「自分らしく」生きること。またその「自分らしさ」は変わっていってもよいのだということ。つまり、人間は自由に生きてよいのだということ。それを宣べ伝えることができるのが、先に紹介した聖書の言葉のとおり、本当に自由になった、つまり解放されたクリスチャンだと言えるのかもしれません。

16 クリスチャンは酒やタバコをやらないのか？

クリスチャンはお酒を飲まないし、タバコも吸わないという誤解が今でもあるようです。これは主に、明治維新の後、あるいは第二次世界大戦での敗戦後、日本に多く入ってきたピューリタン的な宣教師たちの影響が大きいと思われます。「ピューリタン」というのは「ピュアな人たち」という言葉で、できるだけ純粋な人間であろうとして、お酒やタバコを遠ざけました。そのような禁欲的な宣教師たちが、故国を去って一生を日本のために献げる姿に多くの人が感動し、キリスト教の洗礼を受けた時代がありました。

しかし聖書的には、お酒が禁止されているとは言えません。そもそもイエス・キリストが生きていた時代、その地域ではぶどう酒が日常的な食事の席で飲まれていました。最後の晩餐の際にも、イエスはぶどう酒の杯を持って、「これは多くの人のために流される私の血である」と言いました。[44] イエスが最初に行った奇跡は、水をぶどう酒に変えたことだとも伝えられています。[45]

旧約聖書には「さあ、あなたのパンを喜んで食べ、あなたのぶどう酒を心楽しく飲むがよい」という言葉がありますし、[46] 新約聖書にも「水ばかり飲まないで、健康のために少量のぶどう酒を用いなさい」と書いている手紙があります。[47]

特に後者の言葉は、湧き水にミネラルや塩分が多すぎて、飲用に適さない地方では、「生水を飲んで体調を悪くするよりも、むしろぶどうの果汁を飲みなさい。時には発酵させて飲むのも体にいいのだよ」という意味であろうと思われます。

さらに言えば、「修道院ビール」というものがあることをご存知の方も多いと思います。中世ヨーロッパのベルギーなどにある修道院では、生水を飲んでペストやコレラにかかることの多かった民衆のために、ビールを醸造し、提供していたと言われます。また、修道士自身も断食中の栄養補給としてビールを飲むことだけは許されており、ビールは「液体のパン」とも呼ばれていたそうです。

このように、カトリックの修道院ではアルコールに関しては寛容なところがありました。またプロテスタントでも、宗教改革者として有名なドイツのマルティン・ルターという人は、大のビール好きであったこともよく知られています。

しかし、ピューリタンたちは、お酒を飲むことを全く禁じるようになり、その影響を受けてアメリカでも「禁酒法」という法律が定められた時代がありました。

また、飲酒による害を防ぐために、アメリカでは婦人キリスト教禁酒同盟（Woman's Christian Temperance Union. WCTUと略す）という婦人運動が19世紀に組織されました。日本でもその運動を受け継いで、女性たちによる、禁酒・禁煙・売買春の禁止などを推進する運動が高まり、その精神は現在の「日本キリスト教婦人矯風会」という団体などに受け継がれています。

タバコについては聖書には何も書かれていません。聖書が書かれた時代には、まだタバコがユダヤ地方に入ってきていなかったからのようです（タバコを吸うのは、もともとネイティブ・アメリカンの習慣で、16世紀になってアメリカ大陸から世界に広がりました）。ですから、聖書を根拠にして、タバコが良いとか悪いとか言うことはできません。

しかし、タバコは健康に関しては何も良いことがないということはわかってきていますし、日本を含むＷＨＯ加盟国では「たばこの規制に関するＷＨＯ枠組条約」が採択されています。

キリスト教的にどうこう言う以前に、過度の飲酒、喫煙は実際に心身に悪い影響を与えますから、やめておくに越したことはないでしょう。

17 クリスチャンは結婚前に恋愛してはいけないというのは本当か？

クリスチャンは結婚前に恋愛をしてはいけないのだと教えるクリスチャン・ホームは、さすがに今はほぼ絶滅危惧種だと思います。

ただ、結婚前にセックスをしてはいけないと教えるクリスチャンの親は多いと思います。若いクリスチャンにもそういう考えの人は少なくないようです。セックスは結婚した夫婦のみに許されたもので、それ以外の性交渉はすべて罪だというのです。聖書では不倫のセックスのことを「姦淫《かんいん》」と言いますが、結婚前にセックスをするのも結婚以外の関係なので、姦淫と同じだとみなされることがあります。

新約聖書にパウロという人が書いた手紙がいくつも収められていますが、その手紙の1つで、彼はなかなか興味深いことを言っています。たとえば「自制することができないなら、結婚しなさい。情の燃えるよりは、結婚するほうがよいからです」と書いています。(48)

つまりパウロによれば、結婚そのものもおすすめしない。けれども、欲望が抑えられないのなら、いっそのこと結婚しなさいというのです。パウロが結婚や恋愛など、性にまつわる問題について、そもそもあまり好感を持っていないことがわかります。そういうネガティヴな思考法を、今でも多くのクリスチャンが引きずっているのかもしれません。

ですから、恋愛はするとしても、セックスはしない。恋愛のお相手がクリスチャンではなく、しかも性的な関係を持ちたいと望んでいる場合、このクリスチャンの態度が大いに不満の原因になります。

クリスチャンだからセックスをしないと言う……。このクリスチャンの恋人は、「結婚前にセックスをしたら地獄に落ちる」と本気で考えているのだろうか。欲求はあるのに、信仰があるから我慢しているだけなのか。それとも、信仰のあるなしと関係なく、本当にそういう行為が嫌いなのか。ただ「したい」、「したくない」の問題だけでなく、そこに信仰がからんでくるので、余計に話がややこしくなるのです。

また、一言で「性的な関係」と言っても、どの程度までの行為がそうだと言えるのでしょうか。手をつなぐまではいいのか。キスはしてもいいのか。肌を触れ合わせるのはどこまで許されるのかなど、明確に線を引くこと自体が不可能であり、ナンセンスです。

私はかつて自分のウェブサイトで、「婚前交渉は悪いとは言えない」、「性にも相性がある。結婚して初めて、実はお互いのセクシュアリティがあまりに合わないということがわかった場合、その結婚は悲劇になる可能性がある。結婚前に性的な相性を確認しておいてもよいと言えるのではないか」といったことを書いたことがあります。

これに対しては非難ごうごう。「おまえは神が定めた神聖な夫婦の性に対して、安易に『お試し期間』を設けるつもりか」と、猛然と抗議されたことがあります。

しかし、私は反省していません。どこまで「お試し」をするかどうかはともかく、「この相手と本当に長い人生のパートナーとしてやっていけるのか」という問題には、性的な事柄も含まれます。性を大事にするとすればなおさらのことです。ですから、大いにやれとは決して言いませんが、用心しながら、慎重に、自分の主観的な許容範囲内でいいので、結婚する前に性的な関係を試してもかまわないと思います。

ただし、もし異性愛者どうしで妊娠の可能性のある性交をするのなら、避妊はしっかりしてください。また、100%完全な避妊法はないということも認識しておいてください。

いざ妊娠ということになったら、2人とも責任ある人間としての行動が要求されます。そのためには、少なくともお互いに確実な居場所、確実な連絡先、未成年の場合はそれに加えて、お互いの保護者の居場所と連絡先くらいははっきり確認しておきましょう。そういうことにルーズな相手とは恋愛することさえもやめておいた方がよいです。

逆にそういうことにしっかりと対応できる人とお付き合いするのなら、結婚前に恋愛しても、セックスをしても、問題はないのではないでしょうか。自分を愛するようにお相手を大切にできない人間には、恋愛する資格などありません。

18　信者どうしでしか結婚してはいけないのか？

時々そういうことを言うクリスチャンがいますよね。

「クリスチャン・ホーム」という言葉があります。信者と信者が結婚し、生まれた子どももクリスチャンにして、一家全員クリスチャンの家庭を作りましょうというわけです。そうやって、「純粋な」クリスチャンを育ててゆこうという意図があるのかもしれません。

ただ、日本ではクリスチャンは圧倒的に少数なので、クリスチャンの結婚相手を見つけるのは至難の業です。しかもこの方法でクリスチャンを増やそうとすると、3人以上の子どもがいないとクリスチャンの人口は増えていかないということになりますから、経済的に余裕のない家庭は大変です。現実問題として、この方法でクリスチャンを増やそうとするのは、非婚化、少子化の世の中ではかなり無理があると言わざるを得ません。

しかし、信徒の数が日本で増えようが増えなかろうが、クリスチャンはクリスチャンと結婚すべきという考えの信者は一定数いるようです。そして「結婚相手はクリスチャンでないと許さない」といった形で子どもの結婚に干渉するのです。

あるいは「家庭内伝道」という言葉もあります。たとえ結婚相手がクリスチャンでなくても、その相手を教会に連れてきて伝道すればいいじゃないかという発想です。子どもについても同じです。子どもを教会に連れてくることが、模範的なクリスチャン・ホームの姿だとアピールすることにもつながるのです。

牧師の結婚になると、もっと話がややこしくなります。この牧師は何代目のクリスチャンであるといったことが親族のプライドになっており、それにふさわしい相手なのかといったことが話題にのぼったり、「牧師のパートナーがノンクリスチャンでいいのか」といったことが、クリスチャンである親族の間で問題になったりすることもあります。周囲の教会員たちによる井戸端会議の格好の餌食です。

つまり、裏を返せば、日本でも今なお根深く残る部落差別における結婚差別と似たような発想が、日本のキリスト教会の中にも連綿と残っているわけです。

しかし、実際問題、キリスト教の信徒だから何でも理解し合える理想の夫婦になれるのでしょうか。確かに同じクリスチャンだからわかりあえる思いというものはあるでしょう。どんな時も一緒に、クリスチャンであるからこそその悩みや苦しみを共有し、共に祈りながら人生を歩んでゆくという夫婦もいるでしょう。

その一方で、長い夫婦生活を営んでいると、信じる気持ちのすべてを一致させ続けるのが難しくなる場合もあります。ふと気づいた相手の欠点や過ちなどが「クリスチャンなのに……」という疑問につながることがあります。その疑問を押し込めて、夫婦の力関係によって、一方が我慢し続けたまま結婚生活を続けるといったこともありがちで、結婚当初「私たちは信仰によってひとつ」と思っていたのにもかかわらず、時を経るにつれ、クリスチャンでなければ味わわずに済んだ苦しみを味わうことにもなりかねないのです。

また、2人の間に子どもができたとしても、その子どもが思ったように教会につながってくれないことは往々にしてあります。あるいは子どもが生まれなかった場合なども、「クリスチャン・ホームを作りたい」という夢は消え失せ、ひどい場合には、「神に祝福されていないのでは」と落胆する夫婦もいます。

そういったことを考えると、クリスチャン同士の結婚だから、何でも順風満帆《じゅんぷうまんぱん》というわけにはいかないことがわかります。

しかし、考えてみると、生涯を通じてすべてが順風満帆な夫婦など、世の中にはほとんどありません。どんな夫婦でも異なる人間の組み合わせである限り、すれ違いや誤解、喧嘩などがあってもおかしくありません。クリスチャンどうしの結婚であろうとなかろうと、それは同じです。つまり、「クリスチャンどうしの結婚だからこうあるべきなのだ」ということにはこだわらない方がよいのです。

クリスチャン同士の結婚であるかどうかは、その結婚が幸福なものになるかどうかの決め手ではありません。

それより何より、宗教を理由にして子どもの交友関係や結婚を妨げることは虐待であると、厚生労働省が定めていることは忘れないでいましょうね。

19　クリスチャンは離婚してはいけないのか？

聖書が離婚について何を言っているかは微妙です。というのは、現在のような（少なくとも建前上にしても）法的に対等な離婚という考えが、イエスが生きていた当時の社会にはなかったからです。ですから、ここでは「離婚」という言葉と「離縁」という言葉を分けておきましょう。イエスがいた時代・社会で行われていたのは「離縁」です。

離縁とは端的に言うと、夫が妻を捨てる行為です。当時は、妻は夫の私有財産でしかなく、夫は妻に気に入らないところがあれば、捨てることが許されていたのです。結婚する以外に生活してゆくことができないのが当時の女性であり、離縁は女性の生存権を奪う行為でした。一応夫は妻に離縁状を持たせ、離縁された女性は次に結婚してくれる相手を探すことができましたが、そううまく再婚相手が見つかるとは限りません。

このような離縁について、イエスはどう思っていたのでしょうか。イエスのライバルたちがイエスを試そうとした場面が新約聖書にあります。その時イエスは、「神が結び合わせてくだ

さったものを人は離してはならない」と答えたといいます。(49)

これにより、イエスは「離縁という方法で女性を捨てるのは、命を奪う非人道的な行為である」と非難したということが読み取れます。捨てられた女性は、その後の生活の保証がありません。再婚相手が見つからなければ、実家に戻るか、路頭で客を取るしかありません。それもできなければ、路上で死にます。離縁とは人を殺す行為なのです。

イエスを試そうとしたのは、「私たち、別れたいのですが、どうしたらよいのでしょう？」と相談しにきたカップルではありません。イエスに論争を挑んだのは、当事者ではない男たちであり、「俺たちの掟《おきて》には、妻に気に入らないところがあれば、離縁状を渡して捨ててもいいと書いてあるが、おまえさんはどう考えるのか？　普段女の味方のふりをしているおまえなら、何と答えるのか？」と論議をふっかけたのです。(50)

イエスが大事にしたかったのは、女性の命です。ですから「妻を捨ててはならない」という意味で、離縁を禁止しました。そもそも「神が結び合わせてくださったものを、人は離してはならない」という言葉は、「他人が引き離してはならない」という意味であり、第三者があれこれ介入する問題ではないと言っているのです。

それでは、イエスが現代に生きていて、私たちの社会の結婚や離婚を目の当たりにしたら、どんなことを言ったでしょうか。

これはあくまで推測に過ぎませんが、イエスは離婚を禁止はしなかったでしょう。なぜなら、イエスが最も大切にしているのは、あくまで女性の命だったからです。もし、結婚を続けることによって女性の命が危険や危機にさらされることになるなら、そのような結婚はやめておきなさいとイエスなら言うでしょう。

離婚が即、死に直結しないような社会であるなら、そして離婚した方が女性や子どもの命を守ることにつながるのなら、その場合はイエスはむしろ離婚を認めたのではないかと思われます。

ただ、その一方でイエスは、「人は父母を離れて一体となる。離縁して他の相手と再婚することは、姦淫《かんいん》（つまり不倫）をすることと同じだ」とも言いました(51)。イエスは、離縁と再婚によって最初の結婚相手と違う人と結ばれることは、姦淫をするのと同じことだと考えていたことがわかります。イエスは最初に結ばれた人との関係は特別なものなのだという、ナイーブな感覚を持っていたのでしょう。この点については、離縁であろうが離婚であろうが、イエスは性については潔癖であったと言えます。

ですから、機械的に離婚は駄目だと言ってはなりませんが、できれば一度結ばれた相手とは離れないでいてほしいという悲しい願いは、イエスも抱いていたのではないかと思われます。

20 キリスト教では不倫はダメなのか？

ある雑誌系のウェブサイトによれば、日本では男性の4人に3人、女性の10人に3人が、一生の間に不倫を経験しているそうです。これだけ多いと、今さらダメだと言っても、現実的ではないような気もしますね。

キリスト教で不倫を許可するということは、ちょっと考えられないと思います。イエスも言っています。「神が結び合わせてくださったものを、人は離してはならない。[52]」これは先の項目でも述べましたように、問題を抱えた夫婦自身ではなく、第三者がその離縁についてあれこれ干渉するものではない、というのが本来の意味です。とはいえ、この言葉は今でもキリスト教式の結婚式で牧師役の人が口にする言葉であり、これを言われると、「ああ、キリスト教は2人の人の結びつきというものを本当に大事にしているのだな」と改めて思い知らされることでしょう。

では、イエスは絶対に不倫を許さなかったのでしょうか。

新約聖書の中にはイエスが、「姦淫の現場で捕まえられた女性」を赦す場面が出てきます。[53]

「姦淫」というのは結婚しているにもかかわらず、結婚相手以外の人とセックスをしてしまうことなので、いわゆる現在で言う「不倫」と同じことだと思っていいでしょう。しかも、その現場で捕まえられたというのですから、かなりのスキャンダルです。

姦淫にしろ、不倫にしろ、とにかく結婚相手とは違う人とセックスをしているのですが、これが恋愛による婚外交渉なのか、それとも金銭がやり取りされる性交渉なのかはわかりません。

それはともかく、ここで女性だけが捕まって連れて来られていることが気になります。相手の男性はどこに行ったのでしょうか。うまく逃げることができたのでしょうか。それともあえて男性だけが見逃されたのでしょうか。いずれにしろ、なんだかんだ言って女性の方が貞淑《ていしゅく》であることを求められる世の中ですから、ここで女性だけ連れて来られているところに、彼女を連れて来た人たちの悪意を感じます。

そこで、イエスを陥れようとする人たちは、「こういう女は石で打ち殺せと我々の掟は命じているが、お前ならどうする」と、イエスを問い詰めました。するとイエスは、「お前たちの中に罪を犯したことのない者が、まずこの女に石を投げろ」と言いました。すると、イエスの敵たちは、年長者から順にその場を立ち去ったという話です。

そしてイエスはその女性に言いました。「私もあなたを罪に定めない。行きなさい。これからは、もう罪を犯してはいけない。」

ここでイエスはこの女性の姦淫（不倫）を赦しています。イエスは不倫をした人を一方的には断罪しないのです。

もちろん、「これからは、もう罪を犯してはならない」と言っていますから、それが悪いことではないとまでは言っていません。しかし、おそらくイエスは、この女性が再び不倫をしたとしても、また赦すでしょう。そして再び「これからはいけないよ」と言うことでしょう。神の絶対的な赦しというのは、そういうものです。

もうひとつ大事なことは、ここでイエスが不倫の理由を問うてはいないことです。つまり、それが本人の意志でやっていることなのか、それとも強いられたものなのか、あるいはやむを得ない事情があったのか、それを一切問題にしていません。そういうことから、イエスの赦しは無条件であることがわかります。

結婚というものは売買春によって維持されているのだという説を耳にしたことがあります。つまり、性的欲求を満たしてくれるシステムがないと、結婚そのものが崩壊してしまうことがあるということです。発覚しない不倫が平和な結婚を維持することに役立っているという面があるという人もいるのです。

結婚の中で性的に満たされるとは限らない人間にとって、それを満たしてくれる場所があることが救いになる場合があります。言うなれば、セックスワーカーや不倫相手が、その人の結婚を安定したものにしてくれているという面があることは否定できません。

もちろん、売買春によって不当に搾取され、暴力にさらされる人がいることも確かです。また恋愛による不倫においても、完全にお互いの合意がなされているわけではない、一方がもう一方を利用しているだけの不公平な関係によって、傷つく人がいることも確かです。ですから、婚外交渉は擁護されるべきだとは一言も言うつもりはありません。

しかし、人間にとって性とは、自分という存在がありのままに肯定されるか否かの根本的な要求に関わっています。それが満たされるかどうかは、人によっては命に関わるほどの一大事です。あるいは、不倫をしている人が性依存症《せいいぞんしょう》という病気である場合もあります。不倫がいけないことだと分かってはいても、それをやめることができないのであり、それは本人の自制心の弱さといったこととは関係がないのです。この場合、当人に制裁を加えても意味はありません。必要なのは治療です。

このように、一言で不倫と言っても、複雑な事情が横たわっていることが多いのであり、「ダメだ」と一言で否定しても、何の問題解決にもなりません。何の解決にもならないことをキリスト教会が唱えていても意味がありません。現実を見据えて、人間と性についてしっかりと考え、取り組むことがクリスチャンにも求められているのでしょう。

21 クリスチャンはお金儲けをしてはいけないのか？

聖書には「貧しい人々は、幸いである」、「今飢えている人々は、幸いである」というイエスの言葉が書かれています。また、その近くには「富んでいる人々、あなたがたに災いあれ」、「今食べ飽きている人々、あなたがたに災いあれ」という言葉もあります。[54] どうやらイエスは、貧しい人が好きで、資産家の人が嫌いなようです。

他にも、子どもの頃から模範的な生活を送ってきた金持ちの人に、イエスが「行って持ち物を売り払い、貧しい人々に与えなさい」と言った話も残っていますし、[55] 1人の金持ちの徴税人《ちょうぜいにん》（当時の税金の取り立ては、徴税人が好きなだけ徴収して、余剰分を自分の収入にするという仕組みだった。）が、「私は財産の半分を貧しい人々に施します。また、誰かからでも、だまし取った物は、それを4倍にして返します」と言うと、イエスが「今日、救いがこの家を訪れた」と言って喜んだエピソードも記されています。[56]

そういうわけで、キリスト教もお金持ちには厳しく、貧しい人にこそ優しい、そんな宗教なんだろうと思う人も多いのではないかと思います。クリスチャンで大金持ちというと、どことなく「偽善者」という匂いが漂ってくるような気がします。「清貧」という言葉もありますし、カトリックには修道院もありますから、キリスト教のあるべき姿は、自分が貧しくなっても他者のために尽くす人ということなのかもしれません。

しかし、実際のところ、そんな風に貧しい生活を送っているクリスチャンがどれほどいるでしょうか。

たとえば、教会の活動や建物を維持するには信徒の献金が必要ですが、大きな教会ほど多くの献金をしている信徒がおり、そのためにはある程度の経済力が必要です。また、教会の維持だけでなく、それこそ貧困に苦しむ人たちに、何ほどか役立ててほしいと募金する場合も、一定の額を出すには、それなりにお金を持っていないと不可能です。

16世紀の宗教改革者にカルヴァンという人がいて、この人は「二重予定説」というものを唱えました。「二重予定説」の詳しい解説はさておき、それによれば、誰が救われるか、誰が滅びるかは、あらかじめ神が決めておられるというのです。これを信じた人たちは、「神に選ばれているのなら、神のご意志を行うはずだ」と考えて、自分が救われているという安心感を得るために、自分の天職に一生懸命励むようになりました。

その結果、最初は禁欲と勤勉にいそしんでいた人たちが、だんだんと利潤を上げるようになり、やがてお金持ちになって、次第に近代資本主義の発展につながっていった……という説があります。もしそれが本当だとすれば、最初にお金持ちになった人たちは、優れた道徳感を持ち、自分の仕事を通して人の役に立とうという使命感を持っていたはずです。

現代になってからの1つの例を上げると、1900年代にアメリカから日本にやってきたクリスチャン（宣教師ではない）で、ウィリアム・メレル・ヴォーリズという方がおられます。この方は、多くの人の健康に役立つ薬品を販売しました。また、建築事務所を設立し、施主の要望を反映しつつ、健康にもよい、しかも芸術性の高い建物を多く設計して、日本の建築文化に大いに貢献しました。そして、彼の精神は現在も医療・福祉・教育にいたるまで多岐にわたって受け継がれています。

このヴォーリズさんの場合、営利が最終目的ではなく、その事業にはキリスト教の伝道の要素も含まれていました。当然お金も稼いだでしょうが、そのお金は事業を推進するためには必要だったでしょう。

結局、お金のためにお金を生むのではなく、そのお金を何のために運用するのかが大事だということです。資産を運用して、その一部を寄付に回すもよし。あるいは、ただ寄付をするだけではなく、社会事業家となって雇用を生み出し、世の中を改善する方がよいという考え方をする人もいるでしょう。経営者としての才覚が、クリスチャンとしての証《あかし》になる可能性もあるのです。

22 洗礼を受けたら仏壇やお墓はどうするのか？

「ボーン・クリスチャン」という言葉があります。「ボンクリ」と略されることもあります。「生まれながらのクリスチャン」という意味です。おそらくボンクリにはわからない悩みが、「洗礼を受けたら、家の仏壇やお墓はどうするのか？」という問題です。ボンクリの家には、生まれた時から仏壇などが無く、お墓は教会墓地があるので、そのような悩みを抱く必要がないのです。

私はボンクリではありません。そして高校生の時に「キリスト教の洗礼を受ける」と両親に打ち明けた時に、「仏壇やお墓をどう守っていくのか」と激しく詰問されました。母親などは「あなたは私たちと同じお墓に入らないのね！」と泣いて悲しみました。

私が神学部に入学したのは洗礼を受けてから10年近く後のことですが、その悩みは抱き続けており、教授に打ち明けたことがあります。するとその先生は、「『守ります』と言えばええ」と言いました。「何を言われても『はいはい』言うとけばええねん」とアドバイスしてくれました。

確かに、亡くなった後のことは故人にはわからないと考えるなら、生前に言葉の上で約束しておけば、それでいいじゃないかという考えも成り立つかもしれません。

しかし、今生きている親や親族の前で、既にある仏壇を拝んだり、お墓に参ることを求められたりする場合、どうすればいいのか悩むクリスチャンは多いのです。仏や先祖を拝むことは神さまを裏切ることになるのではないかと心配になります。

実は牧師や教会の指導者の中には、「洗礼を受けたらすぐに仏壇を処分しなさい」とか、「お墓に参るのは神に対する冒涜です」と言う人が一定数いるのです。そういうことを言われると、新米クリスチャンは大いに悩みます。

果たして、クリスチャンは仏壇やお墓を拝んではいけないのでしょうか。

結論から言いますと、仏壇を捨てる必要はありませんし、仏壇にも仏教式のお墓にも手を合わせましょう。手を合わせても、先祖の魂や仏を拝むわけではなく、心の中で神さまにお祈りしていればいいのです。

お祈りも、クリスチャンがよくするように手を組み合わせなければいけないわけではありません。実際、そういう手の組み方をしなければならないというキリスト教の規則もないのです。合掌のような形で手を合わせて、心の中で、亡くなった人の霊が神さまのもとで安らかに憩うことを願ってお祈りしましょう。墓参りや法事だけでなく、仏壇のある家に訪問してお線香を上げる時や、仏式のお葬式に参列する場合でも同じです。

そうすれば、自分を取り巻いている家族や親戚も安心します。そして、「クリスチャンも私たちの大切にしているものを、同じように尊重にしてくれるんだ」と思ってもらえ、その方がクリスチャンであることの評価を高めます。そして、それによって無用な争いを生むことなく、平和を作り出すことができます。

教会でのキリスト教のお葬式に、仏教のお坊さんが参列する場面に遭遇したら、その様子を観察してみてください。無理にお経を唱えたり線香を上げたりするところなど、私は見たことがありません。周囲の参列者と同じように献花し、お祈りをささげてくださいます。他の宗教との共存という意味では、実に見習うべき態度だと思います。

ましてや、クリスチャンが仏壇を処分したり、取り壊したりするなど論外です。それは他の宗教に対する冒涜であり、反感と敵意を生みます。自分がキリスト教を大切にしているのと同じように、他の人も仏さまやご先祖さまを大切にしているのです。それを破壊する権利は誰にもありません。自分の宗教を大切にし、また大切にしてもらいたいと思うなら、他の人の宗教も大切に、丁重な態度で接しましょう。

ちなみに、「あなたは私たちと同じお墓に入らないのね！」と泣いた母親ですが、その後、父親と喧嘩したときに、「あんな奴と同じ墓には入りたくないわ！」と怒っていました。

23 信じていると言いながら疑ってもいいのか？

信じるということは、疑うことなく100％それが本当だと思い込むことなのでしょうか。少しでも疑うクリスチャンは罪深いのでしょうか。神の存在や聖書の教えを疑っているクリスチャンは、本当にいないのでしょうか。

既に述べたように、「敬虔なクリスチャン」という言葉は、クリスチャンの代名詞のように使われることが多いです。クリスチャンは大抵の人が疑うようなことを本気で信じているはずだという偏見があるのです。

その一方でクリスチャン自身が自分のことを指すときに、「私は勉強不足です」、あるいは「信仰の足りない者です」と言うことがよくあります。洗礼を受けはしたものの、なかなか聖書の言葉や牧師の説教が理解できなかったり、神さまの存在を心から信じることができなかったりするクリスチャンは少なくありません、そんな自分を恥じるように、「勉強不足」、「信仰不足」と表現するのです。そして、つい疑ってしまう自分を情けなく思ってしまったりもするのです。

しかし、疑うことは良くないことでしょうか。100%信じることができないのが、そんなに責められるべきことでしょうか。

「見えるもの、わかるものを信じるのは『信仰』とは言わない。それは『理解』に過ぎない。見えないもの、わからないものは信じることしかできない。それを信じるのが『信仰』だ」と言う人がいます。

このような言葉は、「『信仰』の対象を『理解』してはならない」という風にも聞こえるので、私はあまり好きではありません。信じたい対象を理解しようとすることは許されないのでしょうか。理解してから信じるというのではダメなのでしょうか。理解した時点で、それは信仰ではなくなるのでしょうか。

通常の人間関係に置き換えて考えてみましょう。私たちは自分のよく知らない人間を、「わからないから信じるしかない」と思って信じるでしょうか。やはり、信じるためには相手のことをよく知らなくてはいけないと思うのではないでしょうか。相手のことをよく知り、理解できた上で信頼するというものではないでしょうか。それなら、神さまという相手も、よく知った上で信じたいと思うのは自然なことではないかと思われます。

それに、よく知らない相手を信じ込んでしまうことが危険であるように、よく知らない宗教を知らないままで信じ込んでしまうことも大変危険です。これは「キリスト教」という看板を一応掲げている宗教団体であったとしても、あり得ることです。

疑いを知らない人は騙されます。「とにかく信じなさい。そうすれば救われます」と強調する教会は警戒した方が良いかもしれません。自分が「わかった」と思えるまでゆっくりと待ってくれる教会、「わからない」なら信じることを強制しない教会の方が安心です。

神さまを信じる気持ちというものは、すべての疑いを捨てて、短期的に強烈な自己暗示をかけることではありません。疑いつつ、行きつ戻りつしているうちに、だんだんと「信じてみても良いかもしれないな」と思えるようになってくるやり方のほうが穏当です。なにしろ相手は見ることも触れることもできないのですから、ある程度理解するにしても、時間がかかって当然です。

「あれか、これか」で決断するのも悪くはないかもしれませんが、何割かは疑ったり、理解できないと思う気持ちを抱えつつ、何割かは信じることができるかもしれないという思いを、大切に育ててゆくのも良いものです。

猜疑心を抱く必要はありませんが、探究心をもって健全な疑いを抱くことは、よりよくキリスト教を理解する助けになりますし、自分が理解できた程度に基づいて、少しずつ神さまへの信頼を深めてゆけばよいのです。そして、信じ切ることができなくても、神さまはあなたを裁いたりはしません。

疑うって大切

すぐに信用しない、
まず疑ってかかる、
それって、この世を生き抜く
生き物としての智恵、
基本中の「キ」だよね!

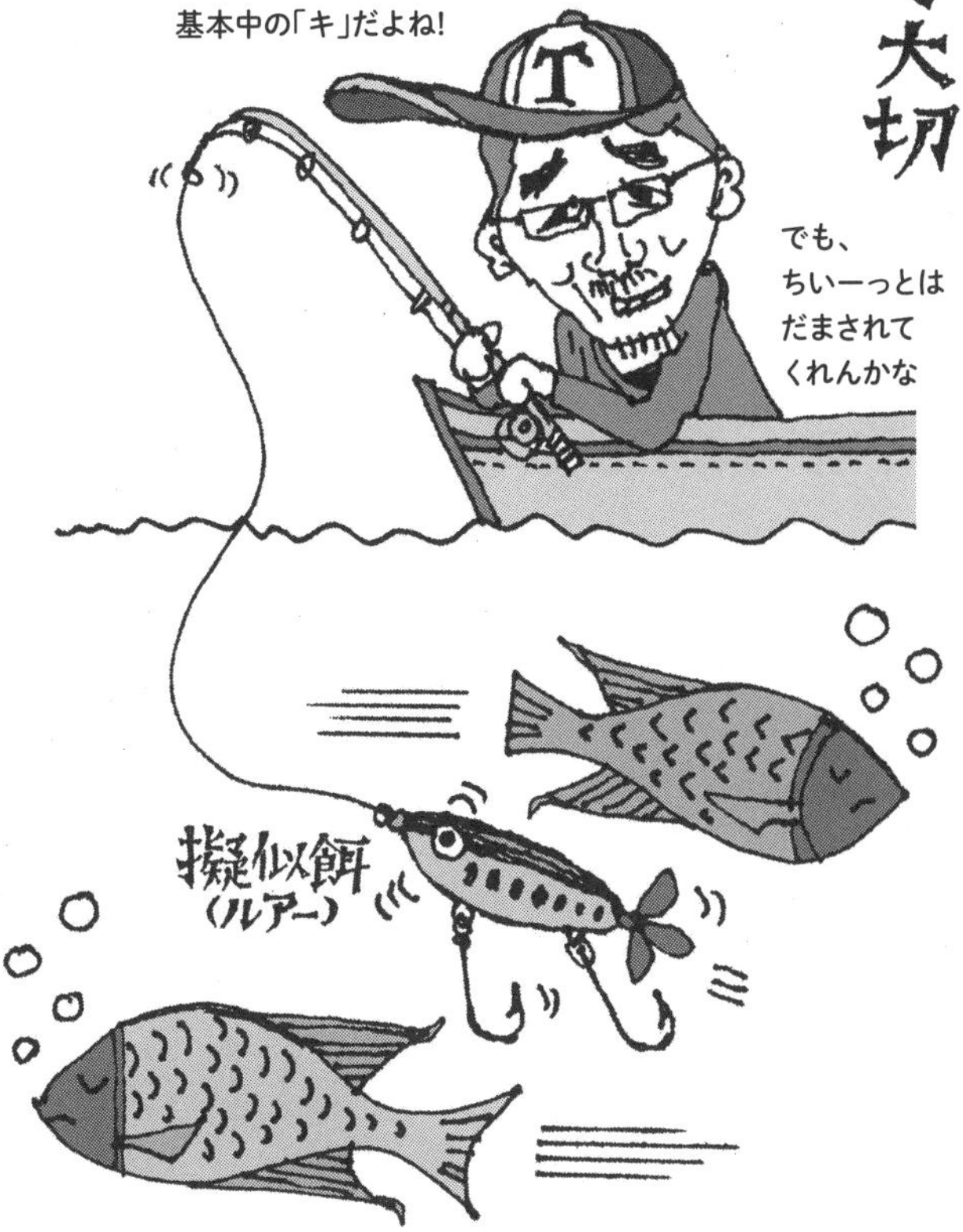

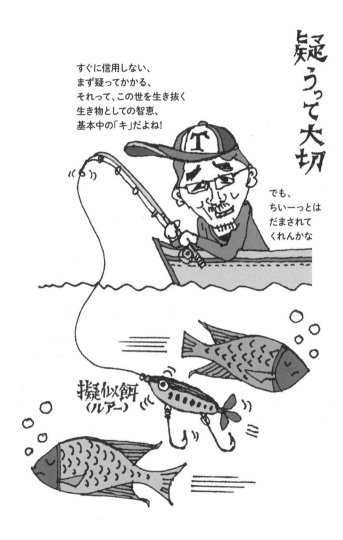

でも、
ちい一っとは
だまされて
くれんかな
擬似餌
（ルアー）

24 宗教なんてものがあるから戦争が起こるんじゃないのか?

宗教とは、自分たちだけが正しいと思い込んでいる人が集まっているもので、大変危険である。自分たちと違う信念・信仰を持っている者や、信仰そのものを持たない人を攻撃する傾向があるのではないか。「だから宗教は怖い」と感じている人も多いでしょう。

しかし、それでは宗教がなくなれば戦争がなくなるのかというと、それほど事《こと》は単純ではありません。そもそも、宗教的な信仰の違いが対立を生んで戦争に発展したというケースがどれくらいあるでしょうか。

今日も多くの地域で、戦争は起こっていますが、宗教の教義や信仰の違いによる争いというよりは、領土や領海、領空などの奪い合い、石油やガスなどのエネルギー、特定の鉱物などの資源の取り合い、イデオロギーの対立などが理由なのではないでしょうか。

じっさい現代の戦争においてはなおさら、「いま起こっている大国間の対立は、宗教によって起こっている」などと本気で言う人はまずいないでしょう。むしろ地政学的な理由をそこに発見する人のほうがはるかに多いと思います。

ですから、「戦争の原因は宗教である」ということは、特に現代においては当てはまりにくくなっています。それでも、「宗教が戦争を起こしている」、「宗教に戦争はつきものである」という固定観念がなかなか払拭されないのは、おそらく学校とマスコミに原因があるのでしょう。

例えば世界史の授業などでは、古代から近代まで、いかにキリスト教徒たちが多くの戦争を引き起こしてきたかを教えられます。その一方で、現代のキリスト教会が、特に2つの世界大戦での悲惨な体験を踏まえて、いかに平和を作り出すために努力してきたのかということは、ほとんど語られません。ですから、生徒さんの頭の中には「戦争するキリスト教」という印象だけが刷り込まれてしまいます。

マスコミも、海外のあちこちで起こるイスラーム原理主義者によるテロや紛争について、まるでイスラーム全体が過激な宗教であると言いたげな報道を繰り返します。実際には世界の人口の約3分の1を占めているイスラームの信徒がみんな過激なら、世界はとっくの昔に崩壊していま す。一部の過激な人々以外は、イスラームは本当に穏やかな平和主義の宗教です。そして多くの地域で、他の宗教と平和的に共存しています。

「宗教は危ない」、「宗教は怖い」。そう言って宗教と距離を取り続けているために、宗教の本当の姿を知ることができなくなっているのが、今の日本の多くの人たちです。そんな日本社会で、

「平和を造る人々は、幸いである」[57]というイエスの言葉を実践している人たちの働きを、クリスチャンも恥ずかしがらずにアピールした方がよいのかもしれませんね。

歴史上、最もよく知られたキリスト教の平和主義者は、マーティン・ルーサー・キング・ジュニア（キング牧師）でしょう。彼は、アフリカ系アメリカ人に対する差別に抵抗し、公民権運動を展開した人ですが、暗殺される直前には、ベトナム戦争への反対運動を行っていました。彼の反差別運動や平和運動は「非暴力的抵抗」と呼ばれています。差別する人びとの暴力に対し、決して暴力で報復せず、あくまで非暴力で抵抗するというものです。非暴力といっても、相手からは暴力を受けます。それでも彼は、絶対に自分からは暴力的な報復をせず、非暴力的な活動と言論の力で抵抗していました。

日本でも、たとえば沖縄では、米軍基地の建設に反対し、基地の撤去のために非暴力の抵抗を続けている人たちがおり、クリスチャンもそれに加わっています。沖縄は日本の0.6％に過ぎない面積なのに、約70％の米軍基地が集中しており、そのために常に戦時中のような状況に置かれています。さらに現在進行形で、米軍と自衛隊によって南西諸島の軍備はますます増強され、住民の恐怖が高まっています。これに対し、沖縄では非暴力的抵抗が続けられています。正しい知識を持たない人の揶揄にもめげず、宗教を信じる人たちが、信じない人たちとも手を取り合いながら、平和のための行動を毎日続けています。そのことも多くの人に知っていただきたいものです。

25 キリスト教徒同士で戦争するなんておかしいじゃないか

聖書の中でイエスが言っています。

「平和を造る人々は、幸いである。その人たちは神の子と呼ばれる。(58)」

キリスト教では平和を造ることが一番大事なはずなのです。それなのに、学校の世界史の授業では、キリスト教が歴史上どれだけたくさんの戦争を行ったかを、これでもかというほど習います。キリスト教が行った戦争で最も有名なのは、おそらく十字軍の派遣でしょう。非常に乱暴なまとめ方ではありますが、一言で言えば、イスラーム勢力と戦った戦争です。

しかし、あろうことかキリスト教徒たちは、自分たちと同じキリスト教徒ともたくさんの戦争を行っています。十字軍よりはるか以前から、キリスト教徒によるキリスト教徒への戦いは始まっていました。

たとえば、紀元4世紀以降、キリスト教がローマ帝国の国教になった途端に始まった「異端排撃」です。どんなキリスト教が「正統」なのかをめぐって、教会会議で激しい論争が何度も戦わされ、必ずしも完全に「論破」がなされたわけでもなく、政治的な駆け引きも行われた結果、「異端」であるとされた派閥は弾圧され、ローマ帝国から追放されました。

一説によれば、かつて迫害されていた時代に殺されたキリスト教徒の数よりも、キリスト教が公認化されてから異端排撃によって殺されたキリスト教徒の数のほうが多いのではないか。また、他の宗教との戦争で死んだキリスト教徒の数よりも、キリスト教徒によって殺されたキリスト教徒の数のほうが多いのではないか、とも言われています。

その後、ヨーロッパはキリスト教の世界になってゆきますから、ヨーロッパの中で起こった戦争は、ことごとくキリスト教徒どうしの戦争になります。相互破門、教会大分裂、宗教改革、三十年戦争、ピューリタン革命等々、キリスト教徒どうしの争いは数え上げたらきりがありません。

個人的な意見ですが、私はこの「正統」という考えが諸悪の根源ではないかと思うのです。唯一神教のよくないところですが、「何が正しいのか」、「誰が正しいのか」ということに非常にこだわります。神は唯一だから、正しいことも1つだ、と考えてしまうのです。

誰かが「正統」になれば、必然的に「正統」ではない者、つまり「異端」が生み出されます。逆に言うと、誰かを「異端」に定めないと、自分が「正統」であることが証明できなくなるのです。したがって、自らを「正統」であると示すために、キリスト教はいつまでも自分と異なる考えを持つ者を排除し続けるようになりますし、多数派を構成するために「一致、一致」と声を合わせて政治的な動きをするようにもなるのです。

この動きは近親憎悪みたいなもので、他の宗教に対する敵意とは少々異なります。「同じキリスト教なのに、なぜおまえは俺と考えが違うんだ」と怒り、戦わずにはおれないのです。同じ宗教だと思うがゆえに許せないのです。

一神教である限り、このような内部での対立を避けることはできないのでしょうか。

私は、それは考え方次第だと思っています。

一神教だからこそ違いが許せないという考え方もあるでしょう。しかし、神さまのような見えない存在については、色々な違った考え方が無限に生まれます。そして、神は見ることも触れることもできないのですから、人がいくら考えても、本当のことは誰にもわかりません。ですから私たちは、「ひょっとしたら自分が間違っているかもしれない」という可能性をわきまえながら、対話しなければならないのです。

見える形で唯一の正しさが存在するとなると、その正しさと異なる形のものはすべて否定されてしまいます。神さまが見えないのは、「何が唯一正しいか」ということを神さまが定めることを拒んでおられるからかもしれません。そして、神さまが姿を現さないことが、すべての人を否定しない、ひとつの愛なのだと受け止めることはできないでしょうか。

26　一神教より多神教のほうが平和的ではないのか？

一神教は好戦的だが、多神教は平和的だという人がいます。

一神教徒は「正しいことは1つしかない」と思い込むので、自分たちの考え以外の人を認めない。そもそも、世界のあちこちで起こっている宗教戦争はみんな一神教徒が起こしているじゃないか。それに対して、我々日本人は「八百万《やおよろず》の神々」と言って、たくさんの神が互いに共存している。だから宗教戦争は起こらない。多神教は平和的なのだ。そのように主張する人がいます。

確かに、世界のあちこちで起こっている戦争は、たいてい一神教徒が起こしているように見えます。キリスト教徒とムスリム（イスラームの信徒）が争っていたり、ムスリムとユダヤ教徒が争っていたり、あるいはキリスト教徒どうしが戦争をしている例も、歴史上枚挙にいとまがありません。

しかし、ちょっと考えてみれば、人類のうち約3分の2は一神教の信徒なので、世界のあちこちで戦争が起こっても、何らかの形で一神教徒が関わっているというのは仕方のないことかもしれません。ですから、「戦争の原因は一神教である」とは必ずしも言えないのではないでしょうか。

また、多神教徒が平和的だというのは本当でしょうか。たとえば、日本人は多神教がデフォルト（設定されている標準の状態。そう考えられている状態。）だということになっていますが、日本人は平和的でしょうか。

多くの方がご存知のように、日本の歴史には戦国時代というものがありました。日本人同士で、血で血を洗うような戦争を繰り広げていたのですが、その頃の日本人は一神教徒だったのでしょうか。

あるいは、日本人はアイヌや琉球といった、元々は別の民族だった人たちの土地を軍事力によって侵略し、征服し、自分たちの支配下に置いて、日本の一部としてきましたが、そのような日本人は一神教徒だったのでしょうか。

日本での一神教徒、つまりキリスト教徒に対する弾圧は非常に厳しいものでした。かつて日本でキリシタンへの迫害、弾圧があったことを知っている人は多いと思います（「キリシタン」という呼び名は江戸時代までのキリスト教の信徒を呼ぶ時に使われ、明治時代以降はもっぱら「クリスチャン」と呼ばれるようになります）。

キリシタンへの迫害において行われた拷問がいかにひどいものであったかは、多くの記録によって伝えられています。沸騰する温泉の湯を浴びせたり、こめかみに穴を開けて少しずつ血を流させながら逆さ吊りにしたりするなど、棄教させるために日本人は手段を選びませんでした。そして、信仰を棄てないキリシタンを、海の中に縛り付けて満潮で溺れさせたり、火炙《ひあぶ》りにして殺したりしました。そんな風に一神教徒を迫害する多神教徒の日本人が平和的と言えるでしょうか。

さらに言えば、日本は太平洋戦争でアジアの多くの国々に大変残虐な行為をしました。キリスト教との関連で言えば、たとえば、旧日本軍が多くの朝鮮人をかくまった教会に閉じ込めて、教会の建物ごと焼き殺したという事件があったことはよく知られています。

日本にいるとわかりにくいのですが、東南アジア諸国では、太平洋戦争の時の旧日本軍がいかに恐ろしい存在であったかがよく伝えられています。日本が戦争に負けたのは、東南アジア諸国の反撃によるものではありません。ということは、これらの国々にとっては、日本は一方的な加害者でしかありませんから、恐れられたり、恨みを抱かれたりしていても無理はないのです。それでも日本人は平和的だと言えるでしょうか。

つまるところ、一神教徒であろうと、多神教徒であろうと、どんな宗教であるかに関わらず、人間には好戦的で残虐な面があるということなのです。そこを直視しないで、「多神教徒だから平和的」などと言っていると、歴史の真実を見失ったままということになりかねません。

27　聖書には戦争のことばかり書いてあるじゃないか

キリスト教の聖書。特に旧約聖書には、戦争に関する記事が多く、「列王記」「歴代誌」といった部分には、イスラエル民族（ユダヤ人の先祖）による戦いに次ぐ戦いが、もう嫌になるほどしつこく描かれています。

敵を一人残らず滅ぼし尽くせと神に命じられる場面もあれば、[59]自分たちが神によって敵の手に渡されて、完膚なきまでに叩きのめされるという場面も出てきます。[60]戦争に次ぐ戦争。これがイスラエル民族の実態だったのかと、聖書を読んでいるこちらが疲れ切ってしまうほどに、聖書には戦争の場面が延々と続くところがあります。

この聖書を伝えたイスラエル民族は好戦的な民族だったのでしょうか。

このような聖書の記事をもとに、現代のイスラエルという国を無条件に支持し、「イスラエルの敵は私たちの敵」とでも言いたげなクリスチャンのグループもありますが、その言い分は妥当なものなのでしょうか。

ここで、聖書という本は、やはりある社会のある時代の状況の中で書かれた、人間による文学作品なのだということを思い出さなくてはいけません。聖書に書かれた記事は、すべて神の話したことをそのまま記述したのではなく、人間が「神とはどんなお方か」ということを「解釈」した結果、書かれたものだということを意識しないといけません。

旧約聖書の戦争の記事を書いた人びとは、自分たちの民族の存亡の危機にさらされており、常に戦争に勝たなければならないと自分たちを鼓舞する必要に迫られていました。またそれと同時に、自分たちが敗走せざるを得なかった時には、その理由を自分たちの民に説明する必要がありました。

戦争は常に自分たちの神と他民族の神との戦いであり、自分たちが勝ったときには自分たちの神の勝利。自分たちが負けたときには、自分たちの神への不服従が神の罰を招いたのだと「解釈」されました。

あるいは常に勝つことのできない自分たちの悔しい、やるせない思いを、文学の形で表したということもあったようです。文学において激しい戦闘を描き、それを読むことで、実際に闘う代わりに自分たちの怒りや憤りを発散していた可能性もあると言われています。

そうなると、聖書の中に戦争の記事があったとしても、特定の時代・社会の状況の中では、仕方なかったということも言えるのではないでしょうか。

聖書の中には平和を志す言葉もあります。

「彼らはその剣《つるぎ》を鋤《すき》に、その槍《やり》を鎌《かま》に打ち直す。国は国に向かって剣を上げず、もはや戦いを学ぶことはない」[61]

これは、剣や槍といった戦争の道具を、鋤や鎌といった農業の道具に替えようという言葉です。農業は人の命を養う食物を作る仕事ですから、「人を殺す道具を、人を生かす道具に持ち替えよう」という意味になります。これは数多くの戦争を経験してきたイスラエル民族が、「もう戦争は嫌《いや》だ。これからは人に命を与える生き方をしたい」と思って書いた記事なのです。

そもそも旧約聖書には、イスラエルという民族が最も弱く最も小さな民であったから神に選ばれたということが書いてあります。[62] また、すべての民族が神に祝福されるように、その役割を与えられた民族であるとも書いてあります。[63] 現在のイスラエル国の状況がどうであれ、もともと聖書に書かれてあるイスラエルの役割はそういうことです。

最も弱く、最も小さな者として扱われていた人びとが、すべての民族の平和のために神に選ばれる。[64] それは素晴らしいことではないでしょうか。ですから、キリスト教会は「新しいイスラエル」という役割を担って、平和を作り出そうともしているのです。

28 イスラームと仲が悪いのはなんとかならないか

ここでは「イスラーム」という言葉を使います。「イスラム教」という言葉は使いません。なぜなら私は、ムスリム（イスラームの信徒）たちは、このイスラム「教」という言葉が好きではないと聞いたからです。

「教」と言うと、教えの内容のような感じがします。しかし、「イスラーム」とは「神にゆだねること」という意味であり、神にすべてをあずける生き方全体のことを指します。それは教えや思想だけではなく、日常的な生活習慣や、法律・経済のことまでも含んでいます。それらすべてを「イスラーム」と呼んでいるので、心の中で信じていることだけを指すような「教」という言葉で意味を限定されることを嫌うのです。

それを言い出すと、キリスト教だって、頭で考えたことや心で思っていることだけではなく、生き方全体や社会との関わりまで含んでいるのだから、「教」という呼び名はふさわしくないと言いたい気持ちもあるのですが、もはや日本に「キリスト教」という言葉が定着してから長い時が経ってしまったので、今さら修正しようもないというのが実情です。その点「イスラーム」はまだ日本では馴染みが浅いので、今ならまだ「イスラム教ではなく、イスラームだよ」と訂正しやすいのではないでしょうか。

さて、イスラームとキリスト教は仲が悪いと思っている人がたくさんいます。実際、たとえばアメリカなどでは、イスラームは悪魔の宗教だとして敵意を抱いているクリスチャンもたくさんいますから、そういう面があることも否定できません。歴史的にも、十字軍などでキリスト教はイスラームと争ってきた過去があります。

しかし、本来3つの一神教は同じ神さまを信じ、礼拝しています。3つの一神教の中でいちばん最初にできたのはユダヤ教ですが、このユダヤ教からキリスト教が枝分かれし、やがてイスラームも出てきます。ユダヤ教の正典は「ヘブライ語聖書」ですが、これをキリスト教は「旧約聖書」と呼んで受け継ぎ、イスラームもこれを重要な教典としています。

そもそも、ユダヤ人の先祖であるイスラエル民族の始祖がアブラハムという人物で、このアブラハムがイエス・キリストの遠い先祖であると新約聖書の冒頭には書いてありますし[65]、アラブ系の祖先であるイシュマエルという人物もアブラハムの息子であると旧約聖書には書いてあります[66]。つまり、すべての一神教の始まりはアブラハムだということで、3つの一神教をまとめて「アブラハム宗教」と呼ぶこともあるくらいです。3つの一神教はきょうだい姉妹のような宗教なのです。

また、世界中でイスラームとキリスト教が仲違《なかたが》いをしているわけではありません。実は世界の大抵の地域で、イスラームは他の宗教と平和的に共存しています。敵意を抱きあっているのは、イスラームにもキリスト教にもいる「原理主義者」たちなのです。

たとえば、イスラエルにあるエルサレムという街は、3つの一神教の聖地とされ、その地をめぐって互いにいがみ合っているというイメージを持たれがちです。しかし、実情はそう単純ではありません。確かに一部の過激な人が現れると、時たま緊張感が高まりますが、大抵普段はそれぞれの地区でそれぞれの生活を営みながら、毎日が過ぎているのです。

知っている人は知っている話ですが、キリスト教の聖地のひとつである「聖墳墓《せいふんぼ》教会（イエスの墓があるとされているところ）」の鍵を管理しているのは、800年以上も続くイスラームの家系であるという例があります。もちろんその由来は、かつてイスラームの指導者が、キリスト教よりも優位に立つことを示す意味を与えたからだとも伝えられていますが、今は平和的な共存のシンボルとなっているのです。

イスラームとキリスト教は、どこでも仲が悪いわけではないし、誰もが敵対しているわけでもありません。そして、同じ神を信じているということがちゃんとわかっている人は、喧嘩などしないのです。

29 「敵を愛しなさい」なんて本当にできるのか？

イエスは言ったそうです。「敵を愛し、迫害する者のために祈りなさい。[67]」

敵を愛すること。そんなことが人間に可能なのでしょうか。そもそも愛することができる相手を「敵」とは呼ばないのではないでしょうか。愛することができないから「敵」なのではないでしょうか。それなのに、「敵を愛しなさい」と説く。そんなことは単なる理想論、あるいは偽善的な物言いなのではないでしょうか。

敵と言っても、様々なレベルの敵がいます。たとえば職場や学校で、どうしても好きになれない奴がいるとか、ライバルだとか。その程度の敵なら、そういう奴にこそ丁重な態度をとり、敬意を払って、失礼のないように、笑顔で接してあげればよいのです。そうすることで、相手も少しずつ変わってきます。

もちろんすぐには変わりません。相手が調子に乗る可能性もあります。こういうことには時間がかかるのです。しかし、そうやって自分から「平和を造る」ということを実践することで、本当に人間関係は変わります。そして、もしいつまで経っても変わらなければ、それはもう相手の問題であって、あなたの問題ではありません。

しかし、事《こと》がいじめやハラスメント、虐待《ぎゃくたい》、暴力というレベルになってくると、そうやすやすと加害者を愛するということは難しくなります。ましてや、命を奪うような犯罪を犯した人を愛するなどということが被害者にできるでしょうか。例えば、自分の肉親や大切な人を殺されたのに、その犯人を愛するということができるでしょうか。自分を殺す者、あるいは自分にとって身近な人を殺す者は、いわば究極の敵です。

シンガポールの初代首相で、リー・クアンユー（Lee Kuan Yew, 1923 - 2015）という人物がいました。太平洋戦争中、日本軍はシンガポールを占領し、大量虐殺を行いました。日本軍の占領期間は、シンガポールの近代の歴史の中で最も暗黒の年だったとされているそうです。リー・クアンユー氏は戦争の後、「赦そう、しかし決して忘れない」という言葉を残したと言われています（実際にはもっと複雑な言葉でしたが、このような簡略化された言葉が広く知られています）。「赦す」ということは、「何も無かったことにする」という意味ではないということです。

また、非暴力的抵抗運動でよく知られるキング牧師は、「（自分たちに暴力を振るう）白人を愛そうではないか」と言ったそうです。抵抗することと愛することが一体となっているのです。愛するのが抵抗の方法なのです。また彼は「愛こそが敵を友に変えることのできる唯一の力だ」とも言いました。

「愛する」ことは「好きになる」ことと同じではありません。どうしても好きになることができない相手でも、愛することができ、友となることができるというのです。嫌いな人を嫌いなまで和解し、平和を造り出すのが愛です。

そのためには、例えば自分に悪いことをした人にはちゃんと責任を取ってもらうことも大切なことです。また、ちゃんと責任を取って謝罪し、しかるべき処罰を受け、償いを果たすことで、加害者自身の心も解放される可能性があるのです。それもまたひとつの愛であり、赦しです。責任を取らせないまま放置するのは、決して愛ではないのです。

しかし、たとえ理屈ではそうでも、やっぱり敵を愛するなんて感情的に難しすぎる、という人は多いと思います。こんなことを書いている私だって、例えば自分の大切な人の命を奪われたりしたら、何をするかわかりません。「私は敵を愛します。あなたも敵を愛しましょう」などということを、私は無責任に言えません。

たとえ敵を愛せなくても、それはそれでかまわない。私はそう思います。

敵を愛することは、神さまに任せておけばいい。

敵を赦し、愛することのできない私たちを、神さまは赦してくださっていると思います。

敵を愛することができるようになったら、そのとき愛せばいいのです。

30　本気でLGBTQ＋を否定などしているのか？

まず、ここでは「LGBTQ＋《エルジービーティーキュープラス》」と呼ぶことにします。人のセクシュアリティは人の数だけ存在すると言われていますし、少数とされている人びともLGBT（レズビアン・ゲイ・バイセクシュアル・トランスジェンダー）の4種類だけというわけではありません。そのため、この4文字以外にも、「Q」（クイア：変わっている、あるいはクエスチョニング：どれにもあてはまらない）や、「＋」（他にも様々なセクシュアリティの人がいる）という文字を加えて、ここでは、「LGBTQ＋」という言葉を暫定的に使います。

大雑把に言えば、キリスト教会は、LGBTQ＋の存在を否定する派と肯定する派に二分しています。また、態度を決定していない人たちもいますが、この人たちも否定されているLGBTQ＋にとってみれば、味方にはなってくれていないという意味で、否定派に加担していると捉えられています。

否定する教会のクリスチャンたちは、「LGBTQ＋の人たちは、そのセクシュアリティのために苦しんでいる。だからその苦しみから救われるために、祈りやカウンセリングなどでお手伝いをしましょう」と言います。ＬＧＢＴＱ＋が神に愛されていることは否定しないのですが、そのセクシュアリティをありのままに認めることはせず、それは変えられなければならないという考え方をします。

ＬＧＢＴＱ＋の中には確かに苦しんでいる人がたくさんいます。しかしその苦しみは、社会や家族や友人、そしてキリスト教会などがその人のセクシュアリティをありのままに肯定せず、受け入れようとしないことから来るものです。つまり、周囲が変わって、その人をありのままに受け入れれば、その苦しみはなくなるのです。

セクシュアリティというものは自分で選び取るものではありませんし、気づいてみたら自分がそういうセクシュアリティだったというようなものです。それは変えようとしても変えることのできない、その人固有のものです。それを「変えろ」と迫るのは暴力以外の何物でもありませんし、事実、海外では近年、そのような暴力を調査し、取り締まっている公的機関もあります。

「聖書に『同性愛者は死なくてはならない』と書いてある」と主張するクリスチャンはいます。しかし、それが誤読であるということは既に証明されています。[68] 聖書が書かれた古代の性《せい》文化は、相手が女性であれ、男性であれ、強い男性が相手を支配し、屈服させるために犯す、というものでした。そこには、今日私たちが知っている対等なカップルによる、パートナーシップとしての同性愛については（そして対等な異性愛さえも）書かれていません。

また、聖書の中にある「男色をする者」を禁じる言葉も、古代のローマ帝国の神殿で体を売らされていた「神殿男娼」の少年たちを犯すことを指しているということが明らかになっています。(69)聖書が言っているのは、自分より弱い立場の女性や男性、そして娼婦や男娼など性奴隷にされた女児や男児も、これを犯してはならないのだという、人間を守るための言葉なのです。

本来はキリスト教も、その始まりの時代には差別や迫害を受けていたはずです。それなのに、長い歴史の中で人を迫害する側に回ってしまった。その例がこのＬＧＢＴＱ＋での差別によく表れています。けれども、それをＬＧＢＴＱ＋から指摘され、学ぶことで、キリスト教はその原点に立ち戻ることができる。そう考えるクリスチャンもいます。

近年は、「ＬＧＢＴＱ＋は（他の誰とも同じように）そのままで神に愛された、大切な神の作品である」という信仰に基づいて、差別と闘うクリスチャンの集まりも増えてきました。「人間のどんな性のあり方も神によって創られたものであり、喜ばしい神からの贈り物なのだ」と信じるクリスチャンは増えています。すべての人が自分の性をありのままに喜ぶことができたら、どんなに幸せなことでしょうか。

31　キリスト教には性差別はないのか？

ある教会にお客さんがやってきました。１人の女性が掃除をしていました。お客さんは「牧師さんはどちらにいらっしゃいますか？」と尋ねました。すると、その女性は「私が牧師ですが」と答えました。そこでお客さんは、ちょっとびっくりしたような顔をしました。「女の牧師さんなんていらっしゃるんですね」。

牧師界隈ではよく聞く話です。「牧師と言えば男」という通念がまだまだ広まっていることを残念に思います。しかし、なぜそのように世間の人が思ってしまうのかというと、実際これまでキリスト教会に女性の牧師が少なかったことに原因があるのでしょう。事実、キリスト教会のジェンダー・バランスはよくないのです。

日本のキリスト教会全体で見れば、信徒の数は女性の方が多いのですが、２０２２年の段階で、女性の牧師の人数は牧師全体の20～30％程度しかいません。もちろん牧師が教会を支配しているとは限りませんので、牧師の数の比較だけがすべてを表すわけではありませんが、それでも牧師はある意味、教会の代表のようにみなされがちですから、それが圧倒的に男性で占められているというのは、ちょっと異様な景色ですね。

牧師には男が多いですし、分厚い本を書いている神学者は、まだまだ大体お爺さんたちです。地区ごとや全国の教会の代表者の会議などでは、だいたい黒ずくめのスーツを着たおじさんたちが幅を利かせています。つまり、日本のキリスト教会では、重要な意志決定をする場からは女性が排除されていることが多いのです。

かつては、教会によっては、牧師の妻が「牧師夫人」と呼ばれて奉仕するという風習もありました。夫である牧師が「御言葉《みことば》に仕える奉仕」、つまり礼拝説教という表舞台の仕事をするのに対して、妻である牧師夫人はその他一切のありとあらゆる裏方の仕事を引き受けるのが、望ましい牧師夫婦のモデルであるかのように言われてきました。

さすがにそのような風習は、今はすたれつつありますが、それでも、男女の牧師がいる教会だと、どうしても男性のほうが主任の牧師で、女性のほうが副牧師という扱いを受けがちです。あえてそれを逆にしようとトライする教会もありますが。

しかし、そもそもなぜキリスト教会はそのような男性中心的、男性優位の体質を作ってきたのでしょうか。その原因は、どうもキリスト教発祥の時代に遡るようです。

最初のキリスト教会の代表者はイエスの直弟子であるペトロという人だとされています。ペトロというのはイエスの最初の弟子で、イエスがこのペトロに天の国の鍵を授け、この人を教会の土台としたという物語が聖書の中に伝えられています。[70] このペトロ以降、キリスト教会の代表者は代々男性によって引き継がれ、それが現在も続くローマ教皇の座であるとされてきました。教会の代表は男だという根拠が聖書に書き込まれているわけです。

ところが、近年の研究では、実は本当にイエスにいちばん親しく、最大の理解者であったのは、女性の弟子たちの代表であった、マグダラのマリアという女性だったことがわかってきています。確かに聖書をよく読むと、イエスが逮捕された時、男性の弟子たちは全員逃げてしまったのに、女性たちは逃げずに彼の最期まで見届けました。[71] また、復活したイエスを最初に目撃し、そのことを言い広めなさいと告げられたのも女性たちでした。[72]

ペトロたち男性は、後から戻ってきて、マグダラのマリアに激しく嫉妬し、男性中心的な教会を立ち上げ、女性を中心とした教会に敵意を持って圧迫しました。こうして結果的に男性中心的な教会は政治的に勝利をおさめ、女性の教会の言い伝えは聖書から除外され、男性に都合のよい物語が聖書に残されたというわけです。しかし、近年の発掘作業と調査から、こういった経緯が明らかになってきました。

イエスのメッセージを最初に託され、リーダーシップを任されたのが女性であったという真実を前に、男性はもっと謙虚になるべきでしょう。

32 あのパンとぶどう酒はもらってもいいのか？

キリスト教会にはパンを食べ、ぶどう酒を飲む儀式があります。聖餐式《せいさんしき》といいます。カトリックでは聖体拝領《せいたいはいりょう》、正教会では聖体礼儀《せいたいれいぎ》と呼びます。とはいえ、本来はぶどう酒ですが、近年は車で教会に来る人にも配慮して、多くのプロテスタント教会ではぶどうジュースになっています。

この聖餐式のパンはキリストの体であり、ぶどうジュースはキリストの血です。つまり、聖餐式はキリストの肉を食べ、血をすするというおぞましい儀式なのです。しかし、もともとイエス・キリストが「最後の晩餐」（イエスが逮捕されて十字架につけられる前の夜の食事）において、「これは私の体である。これは私の血である」[73]とおっしゃったので、クリスチャンたちはパンとぶどうジュースをいただくたびに、「ここにイエス様がいらっしゃる。このイエス様が私の体の中に入ってくださる」と感謝して、イエスの存在をリアルにイメージするのです。

ところで、このパンとぶどうジュースを、洗礼を受けたクリスチャンでないともらってはいけないという教会と、誰でももらってもいいという教会があります。この2つの考えの違いで激しい論争が行われたり、くだらない対立が牧師の間で起こったりしています。

もらってはいけないと主張している牧師たちは、『最後の晩餐』でイエスと一緒にパンとぶどう酒を飲み食いしたのはイエスの弟子たちだけだったではないかと言います。つまりイエスの弟子となった人間すなわちクリスチャンでないと、これをもらう資格がないのだと言うのです。これがいわゆる「クローズ聖餐」と呼ばれる立場です。

これに対して、もらってもいいと主張している牧師たちは、「イエスはいつも分け隔てなく誰とでも一緒に食事をした。特に、罪深いとされた人たちと喜んで一緒に食事をされたではないか」と言います。つまり、イエスはすべての人を愛したのだから、誰でももらえるのだと言うのです。これがいわゆる「オープン聖餐」です。

クリスチャンでない人の間でも、この聖餐式の持ち方については賛否両論があるようです。「意味もわからないのにいただいても、かえってクリスチャンに対して失礼に当たるのではないか」という意見もあれば、「自分だけもらえないと、仲間はずれにされたようで嫌な感じがした」など、反応は様々です。

もらいたい人はもらう、もらいたくない人はもらわない、それでいいじゃないかと言うと、それは許せないというのが「クローズ派」の人たちです。それでは結果的に「オープン」であることも許可してしまうからと言うのです。

関係者以外の人にとってはあまり重要ではないこの問題で、牧師がクビにされたりすることもありますし、オープン派の教会の信徒が亡くなっても、クローズ派の牧師は葬式はしない、などといった馬鹿らしい話が本当にあるのです。聖餐式の起源を作ったイエス自身がこのような事情を見聞きしたら、喜ぶでしょうか、怒るでしょうか。

そもそもイエスはキリスト教会を創立したわけではありませんし、洗礼を授ける活動に熱心だったわけでもありません。キリスト教会という組織ができたのが、イエスが亡くなってしばらく経ってからのことですから、イエスの生前には「クリスチャン」など存在しませんし、したがって最後の晩餐でイエスと一緒に食事をしたのも「クリスチャン」ではありません。

既に「マグダラのマリア」について述べたことと関連していますが、最後の晩餐に呼ばれたのが男ばかりの選ばれたメンバーであったというのも、男性中心的な教会に都合よく作られたエピソードである可能性もあります。

いずれにせよ、食事の席で「おまえは食っていい」、「おまえはダメだ」などと鍋奉行のようにうるさいことを言うのが信仰の一大事だと思っているようでは、キリスト教会もダメでしょう。クリスチャンに何か特権があるかのように思っている時点で、クリスチャンとしての値打ちはありません、と言っている私は「オープン派」です。どうもすいません。

33　心の病気は天罰なのか？

心の病気を神の罰だというクリスチャンがいます。

新約聖書にも、イエスが悪霊や汚れた霊にとりつかれた人を癒《いや》す場面があり(74)、それが現代で言う何の病気なのか正確にはわからないのですが、内科的な病気や外科的な怪我などではないので、精神科にあたる病であるかのように解釈されたりする場合もあります。

確かに、悪霊にとりつかれた人は、突然倒れたり、自分では止められない暴言を吐いたり、自傷行為をやめられない人として描かれていたりするので、ひょっとしたら心の病気を抱えた人のことなのかもしれません。

しかし、ここで「悪霊にとりつかれた」とか「汚れた霊にとりつかれた」と書いてあるがゆえに現代のクリスチャンが、うつ病や双極性障がい（躁うつ病）、統合失調症などを患《わずら》っている人のことを、「悪霊にとりつかれているのだろう」、あるいは「神さまから罰を受けたのだろう」と言うのはどうでしょうか。そして、そのような病気の人が癒されるように、あるいは神が赦してくださるように「祈りましょう」と言うのはどうでしょうか。

果たして、心の病気は本当に神の罰や、悪霊や汚れた霊にとりつかれたせいでなるものなのでしょうか。そして、その病気はお祈りによって治るものなのでしょうか。

これについては、聖書が書かれた時代と現代とでは病気というものの捉え方が違うということをわかっておかなければいけません。たしかに古代では、はっきりと原因がわかる怪我のような場合を除いて、病気や障がいは神の罰か悪霊・汚れた霊のとりついたせいだと思われていました。そのためにイエスも、「あなたは赦された」と言って、病気や障がいをもつ人を癒して回ったのです[75]。

しかし、現在は病気や障がいの原因については、ある程度医学的に説明がつくようになってきています。

その中でも心の病気については、もともとなりやすい性質を持った人に、ネガティブで巨大なストレスが降りかかったときになるものとされています。

心の病気は脳という臓器の病気です。ある人は胃腸の病気にかかり、ある人は血管の病気にかかり、ある人は膵臓や腎臓や心臓などの病気にかかります。それと同じように、脳も病気になることがあるのです。

では、心の病気、すなわち脳の病気になった時には、どうすればよいのでしょうか。お祈りをすればよいのでしょうか。

お祈りが悪いというわけではありませんが、まずするべきことは、お医者さんに行くことでしょう。精神科・心療内科・神経内科といったお医者さんにかかるのが良いと思われます。

ただし、多くの精神科・心療内科・神経内科の医師は、問診によって診断を下します。つまり、患者との会話の中で、その人がどんな心の病気かを判断するのです。ということは、たとえば自分の症状を上手に説明できたり、大げさに表現する患者にはたくさんの薬を出したり、説明が下手な患者には、適当な薬の処方をしたりするということが起こり得ます。また、かかる医者によって診断名が全く違ったりするのもよくあることなのです。

つまり、精神科・心療内科・神経内科の診療というものは、今のところ、医者も手探り、患者も手探りといった状況です。

ですから、患者にとって大事なのは、自分の苦しみを的確に理解してくれて、納得のいく診断を下し、適切な処方をしてくれる医者を見つけることです。そんな医者が見つかるまでは、いくつかの医院を探して歩くことも必要だということです。「ドクター・ショッピング」と言えば聞こえが悪いですが、そうせざるを得ないくらい、心の病気の分野については発展途上。それが今の日本の状況です。

祈るのなら、その人がよい医者に出会うことができますようにと祈りましょう。

病気や災害はなぜ？

ヘブライ語聖書はもう100%、
こちらの視点から書かれています。

疫病は人間の
罪に対する神の
罰である！

一方、現代の科学は
疫病の原因をこのように
解明してきました。

疫病は
微生物や
ウイルスに
よって起こる

もちろんボク、とみティも現代科学の
立場に立つ人間です。
疫病や災害は、神の罰とか、
人間の罪の結果などではありません。
と同時に、聖書に描かれた神の愛を
信じる者でもあります。

34 災害は天罰なのか？

大きな災害が起こった時、「これは天罰だ」と言い出す人が必ず現れます。また、「被災した人たちは何か罪を犯したから罰せられたのだ」とか、「助かった人は善行の報いを受けたのだ」とか、勝手なことを言い出す人はいます。

果たして災害は天罰なのでしょうか。そして、これらによって命を落とす人は、神さまから罰を受けたり、呪われたりしたのでしょうか。神とは、自分にしかわからない理由で人を苦しめたり、見捨てたり、あるいは助けたりするものなのでしょうか。

これについては最初からきっぱり言い切っておきますが、そんなことはありません。天罰などというものはないのです。

神はこの世のすべてをコントロールしているわけではありません。神は全知全能であると昔から言い伝えられてきました。しかしその教義を、いま私たちは見直さなくてはいけません。神は全知全能ではないのではないでしょうか。「神には何でもできるわけではないのかもしれない」と、疑ってもよいのではないでしょうか。

神は大自然を創造したのかもしれませんが、少なくとも今はそれを逐一コントロールはしていません。すべての自然現象は自然の法則に従って起こるだけであり、それが人間の文明に被害を与えるのは偶然によるものなのです。誰が傷つき、誰が命を奪われ、あるいは助かるのかは、「神のみぞ知る」でさえあり得ない、全くの偶然によるものです。そこに神の意志が介在するということはありません。

むしろ、こういう場合に人を苦しめ、命を奪うのは人間の過失である場合も多いのです。人間が作った「原発」のせいで、多くの人が長く苦しまなくてはならなくなったとか。人類の文明が地球環境に悪影響を与えたせいで自然災害が起こったとか。天災と呼ばれているものの実態は、その原因をたどると実は人災であったということもあり得るのです。

もし本当に神が災害を起こしているのだとしたら、私たちはそんな神を信じ、崇める必要があるでしょうか。そんな神を礼拝する必要はありませんし、そんな神なら、神の方でも人間に礼拝してもらう必要は感じないでしょう。

理由があるにしろ、ないにしろ、人間を自分勝手に殺したり生き残らせたりする横暴な神を、どうして信頼できるでしょうか。私たちが信頼したい神は、人が傷めつけられたとしても、そんな私たちを力づけ、再び生きる意味と勇気を与えてくれる神なのです。

旧約聖書に「ノアの方舟」として知られている物語があります[76]。悪行ばかりしている人間を、神が滅ぼそうとして洪水を起こそうとします。しかし、ノアとその家族だけは神のお気に入りだったので、洪水から助けようとします。そして神は洪水を起こし、ノアの家族を除く地上のすべての人類が滅んでしまったという忌まわしいお話です。

洪水を起こした後、神はこんなことを言います。「人のゆえに地を呪うことはもう二度としない。人が心に計ることは、幼い時から悪いからだ[77]。」

なんというひどいセリフでしょうか。人が幼い時から悪いとわかっていたら、人を滅ぼすような災害など起こさなかったらよかったのではないでしょうか。　しかし、この物語が伝えているのは、「神は自分のやったことを後悔し、もう二度と災いを起こさない」ということなのです。つまり、「神が災害を起こしたのは昔のことで、今はそんなことはないのですよ」ということを知らせるために作られた物語なのです。

いま私たちが体験する苦しみは、神が起こしたものではありません。天罰というものはないのです。むしろ私たちが必要としているのは、私たちにこの苦難を乗り越えさせ、再び立ち上がらせ、助け合う友を見つけさせ、人災を起こした人間の責任をはっきりとさせ、生活を取り戻させ、改めて生きる意味と力を与えてくれる、そんなふうにして私たちと一緒に苦しみながら、私たちを支えてくれる神さまを信じる気持ちなのです。

35　疫病は天罰なのか？

新型コロナウイルス感染症が大流行した時も、「これは神さまの罰だ」と解釈したクリスチャンたちがいたそうです。しかし、疫病が天罰だとすると、これに罹患《りかん》した人は神に呪われた人ということになるのでしょうか。感染症で亡くなった人は、何か取り返しのつかないような罪を犯して、罰を受けたということになるのでしょうか。では、罹患しても死なずに済んだ人は、死ぬほどまで重くはないけれども、中くらいの罪を犯したのでしょうか。罹患しなかった人は、神さまのお気に入りだったのでしょうか。

全くナンセンスです。人が苦しみに遭った時、何らかの理由や意味を見出したくなるという気持ちはわかります。しかし、それを何らかの罰であるとか、罪の報いであるといったネガティブな理由付けをしても、罹患した人やその家族、親しい人にとって何の救いにもなりません。むしろ「こいつは罪深い人間だ」とレッテルを貼られて、肉体の苦しみに加えて、精神的な苦しみが増し加えられるだけです。言っている人は「自分は信仰深い」と自己満足できるかもしれませんが、客観的に見ればそんなものはいわば悪魔の教えです。

イエス・キリストの生きていた、今から約2000年前のパレスティナ地方もそんな社会状況でした。現代のように病気の原因となるウイルスや細菌の存在は知られていませんでしたから、原因不明の病気にかかった人が出ると、「これは天罰である」、「これは何らかの罪を犯した報いである」、あるいは「何らかの悪い霊か汚《けが》れた霊がその人に入ったせいだ」と考えられました。そして、そうやって病気に罹患した人は、町や村、あるいは野営地から隔離され、祭司（聖書の時代の宗教的指導者）によって病気が治ったと認定されて初めて人びとの間に戻ることができました[78]。

罹患者を共同体から一時的に隔離するというのは、現代の私たちから見ても妥当な措置であったと言うことはできます。しかし問題は、当時のその地方の人たちにとって、それが医学的な意味だけではなく、宗教的な意味をもっていたことにあります。つまり、「神から呪われた者」あるいは「汚《けが》れてしまった者」とみなされたので、その人を癒《いや》そう、治そう、ケアしようという発想には全くつながらず、むしろ追い出して排除しよう、みんなのためにはその人はいなくなったほうがいい、という考えと行動につながってしまったのです。

このことは、病気にかかった人を、大きな絶望に叩き落としました。それまで住んでいた土地から追い出され、治療を受けることもできずに自然治癒を待つしかなく、食事もまともに与えられない。仕方なく街に入って物乞いをするときにも、「私は汚れた者です！　近寄らないでください」と叫んで人を遠ざけながら道を進まなくてはいけませんでした。

イエスはそんなふうに共同体から追放された罹患者に近づき、素手でその人の身体に触れました。そして、「清くなれ」、「あなたは赦される」と言いました。

イエスも古代人ですから、「汚れ」や「罰」といった観念に支配された世の中に生きていました。しかし、イエスはその恐怖の壁を超えました。そして、誰もがこの汚れや罰が感染しないように、罹患者をみんなが住んでいる所から追放したのに、イエスだけはこの人に近づき、治して共同体に戻すためにできるだけのことをしようとしました。追放されて絶望していた人は、どんなに驚き、慰められたでしょうか。

日本でも長い間、ハンセン病という病気にかかった人たちを、町や村から追放し、家族とも強制的に引き離して、山奥や離島に押し込んできた歴史があります。そのとき人びとはハンセン病のことを「天刑病」と呼びました。日本の場合、ハンセン病の原因や治療法がわかってからも、それにもかかわらず追放を続けてきました。

原因がわかっていても、呪いとか罰とか、天からの刑罰などと言って恐れてしまう恥ずべき宗教心が、人の心の中に残っているのです。そんな歪んだ宗教心をクリスチャンが持ったままなのは恥ずかしいことです。そんな信仰なら捨ててしまった方がましでしょう。

36 宗教なんて科学と矛盾するだろう

宗教が非科学的だとは、よく言われることです。実際、多くのクリスチャンと話していても、非科学的なことばかり信じているように見えます。

そもそも神が存在することとさえ証明しようがない。科学的には神が物理的に存在している可能性は限りなく低いと考えられても仕方がないでしょう。にもかかわらず、クリスチャンは神の存在を信じている。あるいは、死んだはずの人間が復活したとか、水の上を歩いたとか、病気を奇跡で治したなど、科学的にはあり得ないと思われるようなことを本気で信じているらしい。どう考えても、宗教の信者は科学的な思考が身についていない。宗教と科学は矛盾すると捉えられてしまっても、無理はない気がします。

こういう時、私ならどう考えるか。私は、そうやって「信じる人が存在している」という現象は事実であり、この事実を否定することの方が科学的ではないと考えます。つまり、「世の中には非科学的なことを信じる人がいる」という事実を、ありのままに認めること。そして、それが何故かを研究することが、科学的な態度ではないかと思うのです。私自身、自分が非科学的なことを信じたいと望む気持ちがあることを、もうひとりの自分の観点からメタ認知しようとする姿勢を常に保っているつもりです。

人はなぜ非科学的なこと、非合理的なことを信じたくなってしまうのでしょうか。

それこそ科学的に様々な説があるでしょうが、私はそもそもこの世の中が不条理で理不尽な苦しみに満ちているからではないかと思っています。あるいは、自分が生きていることや死んでゆくことに意味を見出だせない人がたくさんいるからではないかとも思っています。自分の苦労や悩み、そして虚しさから救い出してくれるもの、あるいは意味を与えてくれるものを信じたい気持ちが生まれるのは、おかしなことではありません。

たとえば、死んだ後の世界を想像することが人間にはよくあります。しかし、死後にも行くところがあるということは、科学的には考えられません。また、たとえ死後に行くところがあったとしても、脳死してしまえば、どこに行ったとしても、それを認識する自分がいないので、何の意味もありません。にもかかわらず、多くのクリスチャンたちは、自分の大切な人が亡くなった時、神さまのもとに帰り、安らいでいるのであろうと考えてしまいますし、私もそのひとりです。亡くなった人たちは、神さまのもとで私たちを見守ってくれているのだろうと思ってしまいます。そして、いつか自分が世を去る時、先立った人たちと再会することになるのだろう、ぜひ再会したい（あるいは再会したくない）と思ってしまいます。

これは非科学的な想像です。しかし私は、「これは非科学的な想像だ」と自覚していながらも、死んだあとに神さまのもとで安らいでいる人たちがいるというイメージを捨てることはできません。また、たとえ脳死すれば、何も認識できなくなると知っていながらも、やはり死ねば帰る先があるのではないかと思ってしまうのです。それは個人の人格がそのまま保たれるという形なのか、それも何か大きな生命の源に同化されてゆくのか、よくはわかりませんが、死んで終わりということではないのではないかと思うのです。

死後の世界はありません。しかし、あります。矛盾していますが、矛盾したままひとりの人間のなかにこの2つの考えが同居しているのです。このような心を抱えた人間が存在しているという事実も、たとえば心理学や精神医学といった科学によって研究の対象になればよいと思っています。

ただ、「自分が求めているものは非科学的な救いである」ということを自覚しておくことは、大切ではないかと思います。焦って性急に救いを求めるあまり、この自覚を失ってしまうと、逆に自分の悩みを「科学的に」解決することができると主張する、悪意のある集団に騙され、食い物にされてしまう危険性があるからです。ですから、おそれずに非科学的であれ。しかし、その非科学性を自覚しておけ！　ということではないでしょうか。

37 日本人にはキリスト教は必要ないんじゃないのか？

日本にキリスト教が伝来してから、もうすぐ500年近くになります。その間に3回、日本人の間にキリスト教が広まったときがありました。

最初はそのキリスト教伝来の頃です。ザビエルらがもたらしたキリスト教は、またたく間に九州から西日本に広まりました。しかし、やがて弾圧を受け、ごく少数の隠れキリシタンを除いては、日本からキリスト教徒はいなくなりました。

2度目に増えたのは、日本が開国し、キリスト教が解禁になった時で、今から約160年前のことです。カトリックもプロテスタントも新たに多くの宣教師を日本に派遣しました。今度は若干広まりましたが、かつてのように爆発的には増えませんでした。

3度目にキリスト教のブームが起こったのは、第二次世界大戦に日本が敗れ、アメリカの文化が一気に流れ込んできたときでした。その時もクリスチャンは若干増えましたが、その後やはり下火になりました。

そして現在、日本のクリスチャンは人口の0.8％近くまで減少し、今も減り続けています。それで「日本人にはキリスト教は合わないんじゃないか」、「日本にキリスト教は必要ないんじゃないか」と言う人も多いわけです。

これまでの日本のキリスト教の歴史で、信徒が増えたのは3回。その共通点は外国から来た宣教師の影響が大きいということです。はるばる地球の裏側から海を超え、故郷を捨てて日本のために生涯をささげた宣教師たちの奉仕が、多くの日本人の心を揺さぶりました。その生き様、死に様に心を打たれて洗礼を受けた人もたくさんいました。

しかし、宣教師たちの強烈な影響力が次第に終息してゆくと、キリシタン時代には弾圧を受けたり、明治維新以降は「天皇制」という国家宗教に圧力をかけられたりして、なかなか日本でキリスト教が広まることはありませんでした。日本のキリスト教は国家権力を持つ人びとには嫌われることが多かったので、キリスト教に入信すると国家からにらまれるという状況が長く続き、多くの信徒を獲得することは困難だったのです。

ただ、3度目のキリスト教ブームのあと、信徒の数が伸び悩んでいるのは、それまでとは少し事情が違っています。敗戦後、日本は高度成長期を迎えました。アメリカ文化に憧れて入信したクリスチャン青年たちは、宣教師たちに可愛がられて、豊かで平和な時代を謳歌しました。しかし、宣教師たちが去ってゆくと、自分たちが楽しかった頃の余韻に浸ったり、あるいは宣教師の教えをただ踏襲するばかりで、次第に豊かさも平和も失ってゆく次の時代の日本人たちに必要なメッセージが何なのか、わからなくなりました。

ですから、キリスト教が外国の宗教だから日本に合わないとか、一神教は日本には合わないとか、そういう理由ではないのです。かつて日本にもキリスト教が広まった時代があったわけですから、日本人にキリスト教が合わないのではありません。

もう1つ、これまでの3回のキリスト教ブームの共通点があります。それは、危機の時代であったということです。キリシタン時代、庶民は貧しく、武士階級の年貢の取り立てに怯えるばかりの毎日で、何の希望もありませんでした。そこにパードレ（カトリックの神父）たちが「はらいそ（パラダイス＝天国）」に行けるという希望を説きました。

明治維新の時期も危機の時代でした。戊辰《ぼしん》戦争（明治元年／1868-明治2年／1869）で新政府軍に敗れた多くの藩の武士たちは、日本人であるにもかかわらず、日本の敵だと言わんばかりの扱いをされて、今まで信じていたものがすべて崩れ去ったような絶望を味わっていました。そこに新しい生き方を示したのがキリスト教でした。

そして、太平洋戦争の敗戦の時代はもちろん危機の時代でした。それまで「天皇は神だ。勝つに決まっている」と信じていた天皇が負けて、「実は人間でした」と宣言されて、何を信じて生きてゆけばよいのかわからなくなった人たちに、やはり新しい生き方を示したのがキリスト教でした。

キリスト教が日本で信徒を獲得したのは、いずれも危機の時代でした。ですから、いまキリスト教が問われているのは、平和も豊かさも失われたこの新たな危機の時代に、何を説き、何をするかにかかっているのかもしれません。

38 教会ではたくさん献金させられるんじゃないのか？

宗教とお金の問題もよく取り沙汰されます。勧誘やマインドコントロールに並んで、宗教が警戒される理由に、「お金をたくさん取られるんじゃないか」という恐怖があると思います。キリスト教はたくさんお金を要求する宗教なのでしょうか。

実際のところ、高額な献金を求めるキリスト教会は非常に少ないです。

日本のキリスト教会を見ていただければおわかりになると思いますが、大抵がそんなに豪華な建物ではありません。大きくもなく、どちらかと言えばみすぼらしい教会がほとんどです。

都会には大きな教会があったりもしますが、教会に来る人が大人数で、結果的に大きな建物を建てることが可能になったというだけで、必ずしも信者ひとりひとりに高額の献金を要求したからそうなった、というわけではないのです。

また、大抵の牧師はそんなに裕福ではありません。高額な献金を集める宗教団体であれば、聖職者も羽振りよく暮らせそうなものですが、キリスト教会の場合はそうでもありません。中には生活のために、牧師以外の副業をせざるを得ない人たちもいます。

そもそも、キリスト教のような特定の宗教の信仰を持つのに、自己投資以上のお金はかからないはずです。自己投資といっても、本屋さんや通販で買える聖書が1冊あれば十分ですし、それ以外に何か入門書が欲しいとなれば、手頃な値段で手に入るものもたくさんあります。もちろん図書館で借りることもできますし、本ではなくウェブでキリスト教について手軽に調べることもできるでしょう。（もっとも、聖書はサイズによっては3000円から5000円程度。決して安くはありません。ただ、礼拝用にあらかじめ聖書を備え付けている教会もありますし、実は無料で配布している団体もあります）。

そして、いざ教会の礼拝などの集会に参加してみると、たしかに献金を求められる場面に遭遇することはありますが、献金額は基本的に自由です。

もう少し具体的に言うと、たとえば、礼拝のプログラムの中に献金の時間があり、献金用の袋やカゴなどが回されてきて、めいめい各自が自由な金額を入れてゆくという教会が多いです。あるいは、教会堂の入り口近くに献金用の箱が置いてあり、そこに自分で入れてゆくという教会もあり、そうすると自分がいくら献金したか知られずにすみます。

もちろん、個々人の感謝や願いの気持ち、奉仕したいという思いによって、多くの額を献金する人もいます。あるいは、クリスマスやイースター、誕生日など、何か自分にとって大切だと思う機会に、特別な献金をしようという人もいます。しかし、それは強制されてではなく、どんな機会に献金するのかも、その金額も、全く自発的に決めたものなのです。

ただ、洗礼を受けて正式に教会員になると、教会の維持・運営のために必要な、定額の献金を求められたりすることはあります。教会員になるということは、その教会の活動を支える責任の一端を担うということなので、月極の献金をささげることが求められるわけです。しかし、ではその月定の献金はいくらなのかというと、これも金額は自分で自由に決められます。

あるいは、何らかの目的のために特別献金が呼びかけられることもあるかもしれません。それは平和や環境を守るための活動や、貧困などの社会的不公正によって弱者にされている人を援助するため、あるいは災害や事故、戦争などの被災者を支えるための献金など、さまざまな呼びかけが行われることはあります。そのような教会外の目的のために呼びかけられる献金もあれば、その教会の会堂を建て替えようといった、教会のための献金もあるかもしれません。目標額が示されることもあるでしょう。

しかし、これらはすべて、一般の募金と同じように、ささげる額は自由ですし、ささげるかささげないかも自由なのです。もし、「あなたはこれだけの金額を献金しなければならない」と告げてくるようであれば、それはよくない方向に進んでいる教会でしょう。

39 キリスト教は勧誘やマインドコントロールなどはしないのか？

宗教といえば、強引な勧誘やマインドコントロールという言葉を思い浮かべます。「怪しい宗教のようなもの」、「まるで変な宗教みたい」という言葉は日常的な会話の中に出てきます。キリスト教も宗教である限り、何ほどかの強引な勧誘やマインドコントロールを行ったりすることはないのでしょうか。

結論から言えば、若干あります。

クリスチャンは「伝道」という言葉を使いますが、これは言い換えると「勧誘」です。自分たちの信じていることを、できるだけ多くの人に知ってもらいたいと思って伝え、できれば同じように信じる人になってほしいと願うのですから、これは勧誘です。強引に「伝道」する教会も全くないわけではありません。

では、マインドコントロールはどうでしょうか。この言葉は定義の仕方が難しいので、注意深く使わなくてはいけませんが、詐欺まがいの商品の販売や高額な献金を要求するなどの反社会的行為のために、信者の心を巧みに支配している場合はそれに当たります。

これも、そのような活動を行っているキリスト教会は絶対にないとは言えません。信徒の心を支配して、ハラスメントの事実を隠蔽《いんぺい》したり、特定の人を差別する思想を植え付けたり、高額な献金を要求したり……そのようなことをしている教会が全くないわけではありません。

宗教というのは、人に人生観や世界観などの基盤を与えてくれるものです。それは生き方の指針を与えてくれ、精神に安定をもたらしてくれます。宗教的信念を持つことで、人は生きる意味や目的などを発見することが可能になります。しかも、その信念は、人間を超えた神的なものに根拠がありますから、人間社会のしがらみにとらわれていた心を自由にしてくれたりもします。

しかし、宗教には危険な面もあり、そのような人生観や世界観などについて深く考える力が弱ってしまっている人に、安直に答えを与えてしまう場合があります。人生や社会について考えることは難しくて面倒なことですから、「これが真理だ」と強く教えられたり、「ここに神がおられます」、「これを信じれば助かります」などと暗示をかけられたりすると、それに飛びついて信じてしまうほうが楽です。そして、そうやって楽になることを「救い」だと思ってしまうことがあるわけです。

特に、様々な危機や悩みに困っている時には、冷静にものを考える力が衰えていることが多いものです。そんな状況にある人に、決定的だと思わせるような力強い解決法や特殊な体験を与えてしまうと、その人を勧誘し、コントロールしやすくなりますし、コントロールすることで、その人を利用することもできるようになります。そうやって、その宗教の教祖や指導者がどんな要求をつきつけてきても、自分の救いのため、あるいは人の救いのために善意で自発的に犠牲を払おうと思う人ができあがるのです。

けれども、逆にもし、「あなたは本来自由なのですよ」と教えてくれる宗教があれば、どうでしょうか。

「信じる者は救われる」とひとことで言ってしまえるほど、人生は単純ではありません。だから、わかりやすい答えを与えてくれる宗教は信用できません。しかし、答えをくれるわけではないけれども、一緒に悩んでくれる人がいてくれたら、どうでしょうか。

人生とは何か、社会とは何か、愛とは何か、神とは何か、どう世界を理解し、どう生きてゆけばよいのか……そういった簡単には答えの出ない、正解のない問題に、自分なりの答えを出せるように、時間をかけて一緒に考えてくれるような友人と出会える場所があれば、そのような教会には安心して通うことができるかもしれません。

決してそのような教会も少なくはありません。そして、何かがおかしいと思ったときは、すぐにその教会から離れてしまえばよいのです。あなたは本来自由なのですから。

40 脳科学やAIが発達すれば宗教は必要なくなるんじゃないのか？

大脳皮質の特定の部分を刺激して活性化すれば、ある種の宗教体験の類は可能になるようです。臨死体験や、その中での神や仏との出会いも、あらかじめ脳にプログラムされたものだと言われます。

また、ある種の神経伝達物質が、痛みやストレスを和らげて、私たちを苦しみから救い出してくれたり、日常生活では経験できないような高揚感を与えてくれたりすることもわかっています。そのような救いや興奮を、何らかの薬物で得ることもできますので、精神科医から処方される薬が、私たちを苦しみから助け出してくれることもあるでしょう。ですから、将来的に脳科学や精神医学が発達して、人間をあらゆる苦悩から解放してくれるのではないかと期待したくもなります。

どんな肉体的苦痛を体験しながらでも、快楽を覚え続けることができるかも知れませんし、どんな精神的な悩みを抱えていても、それを喜ぶことができるかもしれません。それで万事解決。私たちのＱＯＬ（クオリティ・オブ・ライフ、すなわち生活の質／人生の質）は劇的に上がり、もう宗教に頼る必要などなくなるかもしれません。あるいは宗教的な体験を人工的に作り出して私たちを満足させてくれる薬も出てくるでしょう。

ただ、それらはまだ対症療法に過ぎません。対症療法でその人の抱えている苦悩は、一旦は解消したように見えても、その人は再び問題だらけの家庭や社会へと戻ってゆかなくてはなりません。自分の精神状態だけをコントロールできても、人との関係性を薬でどうこうすることはできません。

では、ＡＩならどうでしょうか。宗教はその役割をＡＩに譲ることになるのでしょうか。おそらく宗教に関して言えば、人間が宗教を必要としなくなるよりも、ＡＩが宗教の役割を果たすようになる可能性が高いでしょう。

ＡＩは、既存の教会が必要でなくなるくらい、完璧な新しい宗教を用意してくれるかもしれません。どんな時に人は信仰を必要とするのかも分析し、それに応じた各種の教義や儀式、祈祷文、歌、メッセージなどを用意してくれるでしょうし、それらをまるで現実さながらに体験させてくれる精緻な没入感が、メタバース（仮想空間）上で実現するでしょう。

キリスト教の礼拝では、牧師が必要なくなるかもしれません。少なくとも、教義や解釈を解説するだけの説教者は要らなくなります。聖書の原典を、どんな学者よりも詳細に読み込み、それを学識のない一般信徒にわかりやすく解説するなど、ＡＩには簡単ですし、しかも人間よりははるかに早いのです。

やがて、例えば自分よりも他者を愛することができるような人格をＡＩが模倣し、人間よりも人間らしい利他的行動を取るヴァーチャルなアバターを、メタバース上に登場させる可能性もありえます。そうなれば、人間はそのようなヴァーチャル・アバターのメンターに生き方、死に方の指南を受け、メタバースでの信仰生活が自分の本当の人生なのだと感じる人も現れるでしょう。

ただ、ＡＩにはできないこともあります。ＡＩには「わたしはいる」という意識がありません。ＡＩは、「生きる」ということができませんし、「死ぬ」ということも不可能です。「老いる」ことも「病む」こともできません。食べることも排泄することもありません。ですから、ＡＩに「わたし」の喜びや辛さをわかってもらうことはできません。

本当の意味で祈ることもできません。祈る言葉を考え、音声にしてアウトプットすることはできますが、祈る主体である「わたし」がいないのです。意識のない機械だからです。

ＡＩが登場してきたことで、逆に人間にしかできないことの価値が上がってくるでしょう。すなわち、「わたし」という主体が、何かを意識で認識し、何かを思うこと。また、誰かと一緒に食事をしたり、思いを通わせたりするなど。また、「わたし」と「あなた」が愛し合うことなど。

そして何よりも「信じる」ということが、ＡＩにはできませんし、共感してもくれません。そういった「わたし」の体験は「わたし」にしかできないのです。

ＡＩは、そんな私たちの人間くさい生活を、サポートする役割なら果たしてくれるかもしれません。

イエスはイエスなしで生きろ、と言う

あっ、そーいうの、ボク、
実はイチバン困るんだよ!
お願いだから、自由になって!
自分で考え、自分で自立して
生きてくれって言ったはずだけど……

主よ、あなたに付き従います!
あなたに全幅の信頼を寄せます!
あなたのご命令通りにします!
すべてをあなたにお捧げします!
自分のことなんか「チリアクタ」
同然の扱いにしますです!

41　もはや教会に集まる必要なんてあるのか?

「教会」というのは、新約聖書が書かれたギリシア語では「エクレシア」と言い、意味は「(呼ばれた者たちの)集まり」です。今は日本語では「教会」と訳されていますけれども、もともとキリスト教が始まった頃は、単に「集会」だったわけです。当時「エクレシア」と言えば、政治的な会議の場だったようですが、キリスト教会はこの言葉を自分たちの集まりの名前としたわけです。キリスト教会は「集まって」物事を決めてゆく集団だったことがうかがえます。

そのようなわけで、キリスト教にとって集まることは基本です。特に集まって一緒に食事をすることが、とても大事なこととされてきました。ですから、たとえば感染症がまん延して、集会や会食が制限されると、教会はその活動を大幅に縮小せざるを得なくなりますし、本来の働きができません。この状況を「致命的危機だ」という人もいました。

集会や会食が制限されると、教会の行事はウェブを介した礼拝や、聖書研究会といった学習系の活動ばかりになってゆきます。実際に会うことができれば、ちょっとした雑談を交わしたりして、交流を深めたりすることもできますが、ウェブによる通信だけになると、そのようないきいきとしたやりとりが大幅に損なわれます。そのことで、人と人のつながりが希薄になり、物足りなく感じる人も出てきます。

その一方で、ウェブによるつながりの方が増えてくると、これまで教会につながることができなかった人たちも、教会にアクセスすることができるようになります。

その日、都合が合わない人が時間差で礼拝に参加することもできますし、病気や障がいなどで外出できない生活をしている人は、これまで教会に行くこともできず、キリスト教に触れる機会が文字情報などに限定されていましたが、ウェブを利用することによって、映像や音声などを通して、教会の様子を見聞きすることができるようになりました。

また、人の集まりが非常に苦手な人たちもいます。教会の様子は知りたい。リアルに牧師や信徒の方々のお話を聴いてみたい。けれども、集団の中に入ることが苦手であったり、集団に入ると非常に苦しくなってしまったりする特性を持つ人もいます。このような人にとっては、動画やVR（Virtual Reality）で教会の中に入る方が、抵抗が少なくなるのではないでしょうか。

ウェブでの教会活動が活発になると、地域の人が教会にやってくるだけではなく、距離を超えて、どんなに遠くの人でも、また定住地を持たない人でも、ウェブを使うことさえできれば、どんどん教会に参加することができるようになります。

ですから、これから先は、ウェブを使った礼拝や集会が主流になってゆく可能性もあります。物理的に人と会いたい人、会う必要までは感じない、ウェブで十分という人、どうしても物理的には会えないという人など、さまざまな人の教会への関わり方が出てくるでしょう。

たとえばプロテスタント教会では、洗礼と聖餐《せいさん》という2つの儀式が他には替えられないほど重要な意義を持っています。洗礼というのは、頭に水をかけたり、体ごと水に沈められたりする形で、クリスチャンになるという儀式です。これには実際に水に触れるという体験が大切です。聖餐というのはパンとぶどうジュースを皆んなで一緒にいただくという儀式ですが、これも実際に食べ物と飲み物を分け合う必要があります。

聖餐については、既にリモートで、各自で用意した食べ物と飲み物で行うようになった教会がたくさんあります。洗礼についてはまだ難しいところですが、メタバース上のアバターが水をかぶったり、沈んだりすることでよしとするヴァーチャル教会も現れてきています。このようなことは、神学的な議論を待たないで、どんどん現場の実践の方が進んでゆくものです。

ただ、集まり方の方法は今後どんどん多様になってゆくでしょうが、信徒どうしの交流、心のやりとりの中で、信じる気持ちが育まれてゆくという「集まり」の本質は、基本的には変わらないでしょうし、それが失われると教会は教会でなくなってしまいます。

42 そもそも教会なんて必要あるのか？

日本でも、聖書以外に、たくさんのキリスト教関係の書籍が出版されています。もちろんキリスト教がメジャーな国ほどではありませんが、それにしても、クリスチャンが人口の0.8％しかいない国にしては、たくさんのキリスト教の本が売られています。ひとりでは到底一生の間に読みきれません。また、キリスト教を解説したり、教会での牧師のお話を流したりする動画もウェブ上にあふれています。

ということは、聖書とそれらの本をたくさん読み、動画を視聴すれば、キリスト教のことは大体わかってしまうのではないでしょうか。キリスト教に関心がないわけではないけれども、教会にわざわざ足を運ぶのはちょっと遠慮したいという人はいると思います。

「教会は敷居が高い」とよく言われます。どこか庶民的ではない、浮世離れしたような人が集まっているのではないか。自分みたいな俗っぽい人間が行く所ではない。そもそも新しい人間関係を作るのが面倒くさい。そう思って、教会から足が遠のくのです。

実際、わずらわしい教会もないことはありません。初めて足を踏み入れた瞬間、大歓迎されて、受付で名前や住所、電話番号などの個人情報を書かされ、みんなの前で自己紹介をさせられて拍手をされる。そんな教会が今でもあり（特にプロテスタント）、ひとりで静かに祈りたい、そしてひっそりと帰りたいという望みはもろくも崩れ去ります。新しい人が来ることなどほとんどない教会が多いので、牧師や教会員たちは、新しい人が来ると喜び勇んでしまいます。それが初心者にはウザいと思われる原因になる場合があるのです。

ひどいところでは、まだ洗礼を受けてもいないのに、本人の意志とは関係なく、教会の用事をあれこれ頼まれて、ウンザリ、ゲンナリさせられるということもあるようです。自分から進んで参加したいと思ったのならよいのですが。

そういうわけで、キリスト教そのものが嫌にならなかったとしても、「やっぱりキリスト教は本で読んだり、動画を見たりするだけでいいかな」と思う人が少なくないわけです。キリスト教やイエスその人から関心が離れたわけではないけれども、「教会は卒業した」と言って教会を去っていった人も結構たくさんいます。

神さまやキリストのことを知りたい人がいるのに、教会がそれを邪魔してしまう。そんなことなら、いっそのこと教会などなくなってしまってもよいのではないでしょうか……。

しかし、もし教会という組織が本当になくなってしまったらどうなるでしょうか。キリスト教というものは教会なしに成立することができるでしょうか。

たとえば、キリスト教が成立してからおよそ2000年もの間、キリスト教を伝えてきたのはキリスト教会でした。私やあなたがキリスト教やイエスのことを知ることができたのも、キリスト教会を通じてです。キリスト教会がなければ私たちはキリスト教というものを知ることはできませんでした。ということは、教会とはキリスト教を伝えるための「必要悪」なのでしょうか。

イエスは「2人、3人が私の名によって集まるところには、私もその中にいる」[79]という言葉を残しました。「教会」という言葉はもともと新約聖書が書かれたギリシア語では「エクレシア」、つまり「集会」、「集まり」だということは既にお話しました。しかし、その「集まり」は最少の人数である2人からでも成立するというのです。

ということは、誰かがイエスやキリスト教のことを誰かもう1人の人に伝えて、そのもう1人の人がイエスやキリスト教を信じたら、そこに「イエスによる集まり」が成立してしまいます。教会の基本形とは、そういうものなのかもしれません。それを「教会」という名前で呼ぼうが呼ぶまいが、「伝える」ということが大事なのでしょう。

人数は2人からでオーケー。メンバーシップも必要なし。人数を増やすことが主目的でもない。必要悪であれ何であれ、「伝える」という機能が果たされていれば、そこに一種の教会がある。それで良いのではないでしょうか。

43 教会が政治に口を出すのはタブーじゃないのか？

日本ではなかなか政教分離が実現できません。

と言うと、意外に思う人も多いのではないでしょうか。日本は無宗教の国だから、政治と宗教が結びついているはずがない。そんな固定観念にしばられている人がたくさんいると思いますが、それは大きな誤解です。

たとえば明治から昭和前期にかけて、天皇は天照大神《あまてらすおおみかみ》という日本の神の子孫（天孫）であると神格化されていました。最初の天皇とされている神武天皇というのも、神話の中でしか登場しない架空の人物です。そして実際、大日本帝国の時代には、天皇は神であるとして、崇拝することが国民に強制されました。これによって例えばキリスト教のように天皇を崇拝しない宗教は圧力をかけられました。

この天皇崇拝のことを「国家神道」といいます。国家神道が最も強く日本人を支配したのは、第二次世界大戦の時です。国のために死んだ兵隊は、靖国《やすくに》神社の神となって祀《まつ》られるから、喜んで死んでこいと、日本兵は戦線に送り出されました。

この戦争に敗れてから、天皇は「人間宣言」というものを行いました。つまり、「私は人間です」と宣言しました。ということは、それまでは人間ではなく、神として日本を統治していたということになるわけです。こうして、とりあえず公には天皇は人間であると確認されたはずなのですが、それでもいまだにこの信仰を持ち続けている国会議員の連盟があり、政治家として公式に靖国神社に参拝する国会議員もあとを絶ちません。また、国を動かしているはずの政治家たちが、特定のカルトと癒着していることも明らかになりました。このカルトの教祖や教義を、政治家たちがどこまで本気で信じているか。それとも選挙に協力してくれる有力な組織だから、切り離すわけにはいかないのか。定かではありませんが、口先だけであったとしても、あちこちのカルトの集会に招待されて、教祖を崇拝する発言を繰り返している有り様は危機的事態と言えます。

こうして見てみると、日本の政治と宗教(あるいは宗教をかたるカルト集団)が、いかに密接に結びついているか、おわかりでしょう。ですから、日本には政教分離が事実上ありません。日本が政教分離の国であるというのは全くの誤解です。政治と宗教は分離するべきだと言うのなら、今の日本は大変よろしくない状況にあります。

ではその一方で、カルトではない穏健な宗教団体が政治的発言をしたり、主張をしたりするのはどうなのでしょうか。それは政教分離の原則に違反するのでしょうか。たとえば牧師が礼拝説教の中で政治に関する発言を口にしたり、SNSに投稿したり、はたまたクリスチャンであることを公言して選挙に出馬するのは、危険なことなのでしょうか。

結論から言いますと、これらは政教分離の原則に反してはいません。政治が特定の宗教を使って国民を統治したり、何らかの宗教的な行為を国民に強制したりすること、すなわち「信じる自由」や「信じない自由」を侵害する場合は政教分離に反しますが、特定の宗教が政府に対して、何らかの主張なり意見なり要求をすることは許されるのです。

たとえば、クリスチャンが自分たちの信じるところに基づいて、平和や福祉や人権を優先させ、弱者に優しい政治を行うよう政府に要求したとします。それには全く問題がありません。

自分たちの信じる教義を他の国民にも信じるようにすることを要求するのはアウトですが、信仰の結果生じる良心や善意に基づいた政策を提言することに問題はありません。

もっとも、政府に対して「イエス・キリストへの信仰によれば○○ですから……」と主張している教団もあり、そういう文言にどれほどの意味があるのか疑問ではありますが。

もちろん、何が平和であり、何が国民の幸福なのかはクリスチャンの間でも見解が大幅に異なりますので、連帯には難しい面もあります。それでも、宗教を信じる者が、政教分離できていないこの国の為政者を監視し、批判し、意見を表明しないと、かつてのように、特定の宗教によって国民が支配される危険性も、決してないとは言えないのです。

44　教会は世の中の何に役立っているのか？

教会が世の中の何に役立っているのでしょうか？

教会なんて日曜日に集まって、讃美歌を歌って、聖書を読んで、ありがたいお話を聴いて、お祈りをして、そして帰ってゆくだけの自己満足集団と思っている人は多いでしょう。確かにそういう教会もたくさんあります。

しかし、例えば教会が、隣接している保育園や幼稚園、こども園などの経営に深くたずさわっている場合があります。また、失業者や路上生活に追い込まれた困窮者を支援する活動を展開している教会もあります。あるいは、キリスト教主義の学校と連携して教育に関わっている教会もあります。

ですから、福祉や教育の分野が多いのですが、そのように直接社会と関わりを持って働いている教会は結構あります。

しかし、そんな活動をしておらず、毎週歌を歌って、お話を聴いて帰るだけの教会はもっとたくさんあります。そんな教会は一体に何の役に立っているのでしょうか。

教会は直接社会に対して働きかけてはいなくても、教会にやってくる人たちは、何らかの社会との関わりを持ち、それぞれの課題や悩み、苦しみなどを持っています。ひとりひとりの存在がそのまま社会問題を抱えています。

ある人は職場での仕事や人間関係などの苦悩を抱いているでしょう。またある人は、生活が苦しくて、どうしてこれから生きていこうか困り果てているかもしれません。あるいは、家族や親族と離れざるを得なくなって、失意の中にいる人もいるかもしれません。差別やいじめに苦しんでいる人もいるでしょう。それらの問題は、どれも人と人の関係における悩みであり、組織や自治体、学校、職場、国の政策などに関する課題でもあります。社会的な問題に一切関わりなく生きている人など1人もいません。誰の人生も何らかの社会問題を抱えているのです。

教会はそれらの人たちの人生に関わり、何らかの心の助けになろうとしたり、あるいは直接には何の助けにもならなくても、その人の居場所を作ることで、その人を支えたりすることができるかもしれません。そして、聖書の言葉がその人の救いにつながるかもしれません。

また、教会はそれぞれの社会での持ち場へと人を送り出してゆく力を与えることができます。そうだとすると、教会が直接社会の役に立っていないようでも、教会から送り出される人の力を通して、社会に働きかけていると言えます。

あるいは、教会はひょっとしたら、何の役にも立たない場所であった方がよいのかもしれません。世の中には「自分は何の役にも立たないダメな人間だ」と思ってしまっている人がたくさんいます。教会はそんな人たちの居場所になるだけでいいのではないでしょうか。あまり教会が「何かの役に立たなければならない」とシャカリキになっていると、そういう人たちは疲れ切ってしまって、「やはり自分はダメなのか」と絶望してしまうかもしれません。そんなとき、「人間なんて誰の役にも立たなくても良いのですよ」と言ってくれる場所があれば、そんな場所もないよりはましなのではないでしょうか。

社会では共同体や絆と呼ばれるものが崩れていっています。近所にたくさん人は住んでいるのに、誰とも関係を持っていない。どんなに人口が密集していても、誰にも自分の個人的事情を話せない。そんな「無縁社会」が広がっています。その中で、何らかの「縁《えにし》」となれるような繋がりを、教会は提供することができますし、それが人の生きるための「縁《よすが》」となって、人を支えてくれるのではないかと思います。

もちろん、キリスト教信仰がなければ居場所がなくなるような教会ではダメです。洗礼を受けたとか受けないといったこととは関係なしに、誰でもが歓迎され、飲み食いに招待され、居場所が確保される。教会がそんな場所であれば、それが世の中における教会の存在意義であるということになるのかもしれません。

45 なぜ「人間はみな罪人」だというのか？

「人間はみな罪人なのです」とよくクリスチャンは言います。人には「原罪」がある。つまり、人は生まれながらにして罪を背負っているというのです。それを「原罪」と呼ぶのですが、イエス・キリストによる「贖《あがな》い」があり、それによって「赦し」があって、人間の救いが完成するというのです。

これだけを聞いても、何のことだかわかりません。しかし、このような言い回しだけで説明しようとするクリスチャンが多いので、クリスチャン以外の人には、何ひとつ理解できないのではないかと思います。

そもそも、なぜ人間は生まれながらにして罪深いのでしょうか。赤ん坊のように、この世でまだ何か悪行をなしたわけでなくても罪深いのでしょうか。どんな善人でも、人のために奉仕する人でも罪深いのでしょうか。人間とは本来素晴らしい存在であり、尊厳があり、人権もあるのに、なぜ人間は悪い者だと言われなくてはいけないのでしょうか。

「罪」という言葉が聖書の書かれた原語では「的はずれ」という意味だというのを聞いたことがある人は、今ではかなり多くなっているのではないかと思います。何か悪いこと、犯罪のようなこと（crime：クライム）を犯したのではなく、人間に備わっている罪深さ（sin：スィン）。それは人間の本来あるべき姿から外れてしまっているという意味です。

ということは、人間の本来あるべき姿というのは、罪深くはないということになります。聖書では神が人間を創造したという神話がありますが、それには確かに、神がすべてのものを創造した後、「それは極めて良かった[80]」と書かれているので、人間も極めてよい存在だったのです。「人間はもともと生まれながらに素晴らしい」。これならわかります。

しかし、この聖書の物語は、やがて最初の人間であるアダムとエバが、神さまとの約束を破ってしまうという展開になります。「善悪の知識の木」から実を取って食べたからだと旧約聖書には書いてあるのですが[81]、このことが何を意味しているのかは、学者によって意見が分かれていて、何が本当なのかはわかりません。

ただ、とにかく人間が神との約束を破り、神から離れてしまった。つまり人間本来のあり方を失ってしまい、「的はずれ」な存在になってしまった。それを「罪」と呼ぶのだということを、この物語は表そうとしているようです。

神との関係から離れて、人間の本来の姿から外れたとはどういうことでしょうか。

新約聖書には「神は愛だからです(82)」という言葉があります。ということは、神から離れるということは、愛から離れるということになります。つまり罪は、自分にしろ、他人にしろ、誰かを愛するということができなくなるということではないかと考えられます。

たしかに人間は、自分の命や利害のために、人を大切にすることができなかったり、人を傷つけたり、人から奪ったりすることがあります。また、単なる残虐な衝動や好奇心から殺意につながる暴力を他者に加えてしまったりすることもあります。ホモ・サピエンスは発生以来、いまだに同じサピエンス同士での殺し合いをやめることができていません。

それらを罪というのなら、やはり人間には「原罪」があるのかもしれません。

しかし、先ほど申し上げた、「それが人間本来の姿ではないのだ」という考え方は、「どんなに現段階で人間は罪深くても、本来の愛に満ちた存在に帰ることはできるのだ」という希望を表していると捉えることもできるのではないでしょうか。

「贖い」というのは「(身代金を払って)買い戻す」という意味です。キリストが自分の犠牲を対価にして、神から離れてしまった人間を買い戻し、再び神のところに連れ戻す。それが罪からの解放になる、というのがキリスト教のロジックのようです。

そのような神とのつながりに戻ることを呼びかけるのがキリスト教ならば、キリスト教は「人は本来愛し合える」という希望を信じている宗教と言えるのかもしれません。

46 「救い」とは一体何なのか？

あるクリスチャンは、洗礼を受けることを「救い」と呼んでいます。洗礼を受けたことイコール救われたことだと言うのです。しかし、本人に「救われた」という実感はあるのでしょうか。救いの実感とはどのようなものでしょうか。それを「永遠の命を得た」と表現するクリスチャンもいますが、それは一体どんな心持ちなのでしょうか。

「永遠の命」については、後の章に書いてあることを読んでいただきたいのですが、「永遠の命」というものを、「永久に生きること」とは理解していないクリスチャンもいます。そのようなクリスチャンは、本当は救われているはずなのに、救われていることがわかっていないのでしょうか。けれども、「救われた」ということが実感できていない人が、果たして本当に救われていると言えるのでしょうか。

洗礼を「救い」の終着点のように考える人もいれば、キリスト教という大きな海に漕ぎ出す出発点のように捉える人もいます。そんな人にとって「救い」とは、今ゲットしたものではなく、これから向かってゆく世界で、やがて見つけるものと言えるかもしれません。

そもそも「救い」とは、キリスト教の信徒になることでしか見出すことができないものなのでしょうか。「救い」とは一体何なのでしょうか。

イエスという人は、「貧しい人は幸いである。満腹するようになるであろう。泣いている人は幸いである。笑うようになるであろう[83]」という言葉を残しています。

また、イエスは人々を教えるだけではなく、病を癒すために力を尽くしたり、空腹の人に食べてもらうために知恵を巡らせたりしたように聖書には書かれていますが、洗礼を授けながら「これが救いだ」と教えた場面は1か所もありません。

当然、イエスが生きて活躍していた時代、キリスト教会はありませんでした。また、イエスが教会の創始者というわけでもありません。キリスト教を始めたのは、イエスの弟子たちです。ということは、イエスにとっての「救い」とは、必ずしも教会で洗礼を受けることではなかったとしか言いようがありません。

彼が与えようとした救いとは、こういうことです。

すなわち、飢えている人にとっては、満腹になること。

病に苦しむ人にとっては、癒されること。

泣いている人にとっては、笑うことができるようになること。

大切な人、大切なものを失った人にとっては、失われたことの悲しみを誰かに分かち合ってもらえること。

人や社会、共同体との繋がりを断ち切られ、孤立してしまった人には、その人を見捨てず、孤立から救い出すこと。

「自分なんか死んでしまった方がいいんだ」と思っている人にとっては、「生きていてよかった」、「わたしには生きる価値と意味があるんだ」とわかること。

そして、正義が失われたことに嘆き、怒る人に正義が回復されること。

そういったことが、イエスの与えようとした救いなのです。

つまり救いというのは、その人が置かれた状況によって違います。それぞれの苦しみに、それぞれの救いがあるのではないでしょうか。

私が思うのは、「救い」とは「掬《すく》い」ではないかということです。つまり、すくい上げてもらえる、拾い上げてもらえるということです。放り出されたような自分でも神が拾い上げてくれ、「おまえが大切なのだよ」と心底から語りかけてもらえれば、人は失ってしまった生きる力を、再び与えられるのではないでしょうか。

たとえ宗教が違っても、どんな人間であろうとも、そのままで神に愛された、大切な存在であると自覚できること。そして自分の命が肯定できること。死ぬときには、恐れず安らかに、怖がらないで死を受け容れることができること。

　そんな様々な救いを告げ知らせ、実感させること。それを、キリスト教の言葉では、「福音（良い知らせ）」と言うのではないでしょうか。

47　この世の終わりが来るなんて本気で信じているのか？

「この世の終わりが近い」と信じているクリスチャンは一定数います。

それが人類の滅亡なのか、地球上の全生物の滅亡なのか、それとも地球という惑星の終わりなのかはっきりしないのですが、とにかく「いつかこの世は終わる」という考え方を「終末論」といいます。

新約聖書の中にパウロという人物が登場します。１世紀半ばの人ですが、この人は自分や、自分と同世代の人たちが生きている間に、この世の終わりが来ると思っていたようです。というのも、「危機が迫っている」、「時が縮まっている」、だから奴隷は奴隷のままでいなさい、結婚していない者は結婚しないでいなさい、「人は現状にとどまっているのがよい」と説いているからです[84]。終末が今日明日にでも起こると思っているから、このように「いま」生きている個人のプライベートな問題にまで踏み込んでくるわけです。しかし、パウロが生きている間には、終末は来ませんでした。つまり、パウロの予見は外れたということになります。

また、1世紀末ごろに書かれたと言われている『ヨハネの黙示録』という本があり、この中にはこの世の終わりのことが書かれていると信じている人もいます。しかし、この本に書かれているのは、実は地球や人類の終わりのことではなく、当時キリスト教徒を迫害していたローマ帝国の滅亡を予言したものだという説もあります。

そもそも黙示録は、迫害に苦しむ7つの教会を励ますという体裁で書かれています[85]。これらは1世紀の地中海周辺の地域にあった教会です。ということは、その地域と時代に即して書かれた手紙であって、それは私たちに宛てたものではないとも考えられるわけです。

そういうわけで、聖書に書かれている「この世の終わり」は、古代人の考えた終末論に過ぎず、それから2000年近く経った私たちとは、直接関係がないのではないかと思われるわけです。

終末論というものが出てくる背景には、ユダヤ教やキリスト教の時間・歴史についての考え方があるようです。それは「世界に始まりがあるのなら、終わりがある」という発想です。神さまがこの世を造ったのには、何らかの意図がある。ということは、その意図が完成する終わりがあるはずだというわけです。

これは、たとえば仏教などに見られる、どこまでも円を描くように続いてゆく時間の感覚とはずいぶん違います（このように世界には、自分たちとは全く違う世界観を持つ人びとがたくさんおり、互いに尊重しなければならないのだということを、クリスチャンはもっと認識しなくてはならないでしょう)。

とにかく、キリスト教では時間の流れに神の意図があり、目的なり目標があるわけですが、その考え方自体は悪いものではありません。単なる「終点」としての「end」があるのではなく、「完成形」としての「finish」があるわけです。

この世には完成するべき目標がある。その目標がどのようなものであるかは、必ずしも明確ではなく、諸説ありますが、少なくとも神によって造られ、神に愛されたひとりひとりの人間が、神に愛された者にふさわしく大切にされるような「終末＝完成」という世界を模索しながら、歩んでいこうじゃないかという姿勢がそこにはあります。

そんな夢と希望を持ち、来たるべきこの世の完成に向かって、今日も明日も進んで行きましょう。粉骨砕身、努力してまいりましょう。

もっとも、宗教的な理由からではない原因で、人類の滅亡は迫っているのかもしれません。たとえば環境破壊による気候危機とそれに伴う災害や食糧難。今後も起こると予想されているパンデミック。そして、地政学的に次第に大規模になってゆく戦争……。

キリスト教が描く終末よりもリアルな「この世の終わり」が、案外間近に迫っているのかもしれません。そこに夢と希望はあるでしょうか。

48 洗礼を受けないと天国に行けないというのは本当なのか？

ひょっとして死後の世界というものがあるのではないかと仮定して、そして「天国」という場所があると仮定して、「洗礼を受けないと天国に行けない」と言っている一部のクリスチャンの主張について、ちょっと考えてみたいと思います。

クリスチャンの中には、「キリスト教の洗礼を受けないと、天国に行けない。洗礼を受けないままで死ぬと、永遠に滅びてしまう、あるいは地獄に行ってしまう」と言う人たちがいます。そして、ひとりでも滅びる人が減るようにと、一生懸命に伝道するのです。助かって欲しい一心で、必死に伝道し、なんとかして洗礼に導こうと日夜努力します。

しかし、洗礼を受けているかどうかが、死後に幸福な所に行けるかどうかを決めるという考え方はどうなのでしょうか？

たとえば、洗礼を受けていても、生前の生き方がどうであったかということは問われないのでしょうか。クリスチャンで品行方正で善良な人というのはもちろんいるでしょう。しかし、洗礼を受けていても、人殺しや強盗をしたりする人もいるかもしれません。あるいは、自分では信仰に熱心であろう、善良であろうとしているつもりでも、全く気づかない内に差別やハラスメントで人を傷つけている人も少なくありません。

また、往々にして信仰的に「正しい」者になろうとする人は、「正しくない」と自分が判断した人に対して、とどまることを知らない暴言をぶつけたりしますから、信仰深い人というのは時には危険な人だったりするわけです。

そうなると、洗礼さえ受けていれば、中身はどうでもよいのでしょうか。あるいは、洗礼を受けても中身が伴っていないと、やはり天国行きの切符はもらえないのでしょうか。その中身を判断する際、明確な基準が設けられているのでしょうか。疑問は尽きません。

先にも登場したパウロという人が、新約聖書に収められた自分の手紙の中で、こんなことを書いています。

「私自身、きょうだいたち、つまり肉による同胞のためならば、キリストから離され、神から見捨てられた者となってもよいとさえ思っています(86)」。

「きょうだいたち」や「肉による同胞」というのは、同じ民族の仲間たちという意味です。ここでパウロは、「自分と同じユダヤ人だけれども、自分と同じキリスト教の信仰を持ってはいない人たち」のことを指して言っています。

パウロはこのキリスト教を信じていない人たちのことを愛しています。あまりにもその愛情が深いので、その人たちのためなら、「キリストから離され、神から見捨てられた者となってもよいとさえ思っています」と言うのです。信じない人たちを愛するあまり、キリストから離され、神から見捨てられたら、信仰者としては終わりではないでしょうか。しかし、彼はそうなったとしても、人間としての愛を優先するのです。

他にもパウロが書いた手紙の中に、こんな言葉があります。

「信仰と希望と愛。そのなかで最も偉大なのは愛である」[87]。

「山を移すほどの信仰があっても、愛が無ければ、無に等しい」[88]。

ちょっと乱暴な言い方をすれば、信仰よりも大切なものが愛です。パウロは信仰至上主義ではないのです。聖書に書いてあるとおり、愛のない信仰など何の意味もありません。

では、愛のない人は天国に入れないのでしょうか。

愛の欠如こそ、人間最大の罪であるといっても過言ではないでしょう。しかし、イエス・キリストは私たちの罪を赦すために来られたとも聖書には書かれています。愛が欠如した人間も、キリストには赦されていると言うのです。すると、信仰もない、愛もない、そんな人でも救われるのですから、救われない人がこの世にひとりでも存在するでしょうか。

天国には誰でも入れるのです。もし天国という場所があればの話ですが……。

49　天国なんて本当にあるのか？

「天国」という言葉をよく使うクリスチャンがいます。どうやら「死後の世界」という意味で使っている人が多いように見受けられます。天国なんて本当にあるのでしょうか。死後の世界はあるのでしょうか。

死後の世界については、同じキリスト教の中でも、考えが分かれているようです。死んだら全員天国に行けると考えている人たち。死んだら生前の行いによって天国に行く人と地獄に行く人に分かれると考えている人たち。また、死んだらまず生前の罪の罰を受けて精算してから天国に行くと考えている人たち。そして、生前の行いにかかわらず、キリスト教の洗礼を受けていれば天国に行けるが、洗礼を受けていなければどんな善人でも地獄に落とされると考えている人たちもいます。キリスト教全体での統一見解はありません。おそらく実際のところ、誰にも死後の世界のことは確実にはわからないのでしょう。

ただ、死んだ人を生前の行いや、洗礼を受けたか受けなかったかでふるい分けるというのは、公平ではないやり方ではないかと思います。

まず生前の行いですが、人間をそんな風に善い人と悪い人に、はっきりと分けることができるものでしょうか。人間はその生涯を通して無数の善行や過ちを繰り返しますから、どんな人間でも善良な側面と邪悪な側面を併せ持ちます。１００％善い人はいませんし、１００％悪い人もいません。それなのに、１本の線で天国行きと地獄行きを分けるというのは、どうも納得が行きません。

また、洗礼を受けたかどうかで行き先が決まるというのも不合理です。人間は生まれた時代や場所によってキリスト教へのアクセスの度合いが違います。たまたま生まれた場所、住んでいる場所の近くにキリスト教会があれば、キリスト教を信じる機会もあったかもしれませんが、物理的に遠い人はそういうわけにはいきません。神さまを信じているし洗礼を受けたいけれども、家庭の事情など様々な障壁があって受けることができないという場合もあるでしょう。そのような場合でも、神さまは洗礼を受けていない人を機械的に天国から除外するのでしょうか。

私が若い頃、あるキリスト教の伝道師をしている人に質問したことがあります。「キリスト教がこの世にできる前に地球上に生きていた人たちは、どうしたら天国に行けるんですか？」すると彼は大きな声で返事をしてくれました。「そんなん、ぼく知らんやん！」

聖書を読むと、死後の世界について明確に書いてあるところはありません。せいぜいイエスが

「人はみな死んだら天使のようになるのだ」と言っているくらいです。[89]

そもそも「天国」と訳されているのは、聖書では「**王国**」という言葉です。キリスト教用語では「**御国**（神の国）」とも言います。

そして、その「御国」は死んでから行くところだとは書いてありません。その代わり、「御国」は地上にやってくるものだと書いてあります。[90] つまり、神の国というのは、死んでから「行く」ところではなく、地上に「来る」ものだというのです。

しかもイエスは、神の国は「ここにあるとも、あそこにあるとも言えない。それはあなたがたの中にあるのだ」とも言いました。[91]

聖書の中の「天国＝御国＝王国」という言葉は、ある特定の場所のことを指すのではなく、「支配」や「統治」という意味を持つそうです。つまり、「神の国」は「神が支配している状態」とでも言いましょうか。それがイエスによれば、私たちの中に現れるのだというのです。

何度も述べたように、聖書には「神は愛である」と書いてありますので、「神の支配」とは「愛の支配」と言い換えてもいいでしょう。地上で今生きている私たちの中に愛が満ちる時、そこに「神の国」が現れているのだと言うことができるのでしょう。

それとは別に、死後の世界に天国があるかどうかは、誰にもわかりません。それは信じるしかありませんし、あると思わずにはおれないという気持ちは、私にもわかります。

50　永遠の命なんて本当にあるのか？

時折クリスチャンたちは、「私たちはやがて永遠の命に入れられます」とか、「私たちは既に永遠の命を得ている」といったようなことを言います。

「永遠の命」とは何なのでしょうか？　いつまでも死なないで、永久に生きるということなのでしょうか。そんなことがあり得るのでしょうか。

あるクリスチャンたちは、この世に「終わりの時」が来た後、クリスチャンだけが永遠の命を与えられ、クリスチャンでない人は地獄に行くと信じています。終わりの時の後、神の国が地上にやってくるので、クリスチャンはそこで永久に生きられるというのです[92]。

私はこれを信じているひとりのクリスチャンに、「何歳くらいの年齢で永久に生きることができるのですか？」と訊いたことがあります。するとその人は、「20歳から30歳くらいの年齢で止まるのです」と言いました。そこで私は「子どもは作るのですか？」と訊きました。すると、「作ります」という答えが返ってきました。私はさらに質問しました。「すると地球上の人口がどんどん増えてゆきますが、その場合どうするのですか？」。するとその人は言いました。「コップに水を入れてゆくと、水面が上がってゆきます。しかし、どんなに注ぎ続けても、ある高さで止まります。このように地球の人口増加もちょうどよいところで止まるのです……」。

旧約聖書の最初の方には、人間は神の言いつけに背いて、「食べてはいけない」と神さまに言われていた木の実を食べてしまったために、罰として死ぬようにされてしまったと書いてあります[93]。これは神話ですが、このような神話があることで、「人はなぜ死なねばならないのか」という切実な問いは大昔からあったのだということがわかります。多くの人が死を恐れますし、できることなら死にたくないと思うでしょう。「死にたい」と思っている人も、もし自分の人生がある程度幸福なものであったなら、できる限り長く生きていたいと思うようになるのが自然なのではないでしょうか。

しかし、生物学者の間では、死は生物が進化のために獲得した仕組みであると言われているようです。つまり、生き物が死ぬのは1つの個体がいつまでも場所を占めるのではなく、世代交代をすることで多様性を増し、種が生き残りやすくするために必要だったかららしいのです。だとすれば、私たち個々人が「いつまでも生きていたい」と思うのは、自然の摂理に反する願いかも知れません。いつかは死ぬのが生物にとっては適切なことなのだと言えるのかも知れないのです。

それに、いつまでも生きることができたとしても、いずれ人は生きることに飽きてしまうのではないでしょうか。終わりのない時間の中で、生きている限りやれることはすべてやり尽くして、最後は1つだけやり残した「死」というものを試してみたくなるのではないでしょうか。

確かに長生きはしたい。やりたいことをやり尽くすには人生は短い。しかし、永久に生きることがかなわないが故に、私たちは今生きているこの命を愛おしみ、大切にしたいと思えるのではないでしょうか。あなたの命も、わたしの命も、本当の意味で生き切るためには、死というデッドラインは必要なのです。

ですから私たちは、「いつまでも生きたい」という願望をあきらめて、どうすれば自分の死を受け容れ、怖がらないで死を迎えることができるのかを考えたほうが、現実的なのでしょう。

先程の聖書の物語は「人はなぜ死ぬのか」について答えようとした神話であると言いました。同じように、「永遠の命」という言葉は、「死にたくない」という思いに答えようとした神話的な言葉なのだと受け止めた方がよいかも知れません。どのみち私たちは永久に生き続けることはできないのですから、この「永遠の命」という言葉を、あらためて私たちの現実を直視しつつ、受け止め直さなくてはなりません。

「永遠の命を得ている」という言葉には、「たとえ私ひとりが死んだとしても、終わらない命がある」という意味も込められています。「終わらない命」とは一体何でしょうか。

キリスト教には、「終末論」という言葉があります。「いつかこの世は終わる」という考え方です。既に述べたように、この「終わり」は、破滅的な崩壊のことではなく、この世の「完成」のことを意味しています。「終末論」とは、「私たち人間は神さまが創った本来の目的の完成に向かって歩んでいる。また、歩んでゆかなくてはならない」というビジョンを信じる気持ちのことです。

終末には「神の国」が到来するという信仰がキリスト教にはありますが、この「神の国」とは「神の支配」すなわち「愛の支配」のことであるということは既に述べました。

「永遠の命」とはその「終末」つまり「完成」に向かって進んでゆく時の流れのことです。誰もがありのままに愛され、命が守られ、豊かな心に満たされて生きることができる、そんな夢のような「神の国」に向かって不断の働きを続けてゆく。そこに向かって流れてゆく神の時間のことを「永遠の命」と呼ぶのです。

「永遠の命を得る」とは、その「永遠の命」の流れに私たちひとりひとりも、この短い人生のひととき加わることができるということなのではないでしょうか。そうやって私たちは、「永遠の命」の歩みに参加し、「神の国」の実現のために、すなわち神の愛と平和と公正のために働くことができるのです。その命の流れは、「私」という個人が死んだあとも続いてゆきます。私が死んでも終わらない神と人間との協働作業。それが「永遠の命」なのでしょう。

あとがき ――「信仰の薄い者たちよ ―― 軽信へのイマシメ」

この本の執筆にあたって、多くの人にお世話になりました。

特に、有志のクリスチャン・グループ「イクトゥス・ラボ」のメンバーとして共に活動している仲間である、北口沙弥香さん、ケン・フォーセットさん、白久弘達さん、原口建さんには、多くのインスピレーションを与えられています。

また、普段の職場である同志社香里中学校・高等学校で、キリスト教の何をどう伝えたらよいのかを試行錯誤する機会を常に与えられていることに感謝します。それと同時に、日本キリスト教団 徳島北教会での日曜日の礼拝における「分かち合い」や「こころの会」でも、様々なことを教えられ、考えさせられ、私は大いに恵まれていると思います。

数々の尊敬する知己や友人の方々との対話からも幾つもの手がかりを頂きました。ここではお名前を挙げることはいたしませんが、皆さんに心から感謝いたします。ただ、皆さまが与えてくださったヒントを私が十分に理解し、咀嚼《そしゃく》（文章や事柄の意味などをよく考えて十分に理解し味わうこと。）できたかというと、そうとは限らないと思います。その点は申し訳なく思っております。

加えてこの本は、SNSで出会った無数の匿名の方々とのやりとりにも大いに刺激を与えられています。直接会ったこともないにもかかわらず、賛否両論をぶつけ合ってくださった皆さまに負うところは少なくありません。この場を借りて御礼申し上げます。

そして最後になりますが、本書の出版企画をご提案くださり、試行錯誤する私を励まして、対話してくださったヨベルの安田正人社長に感謝いたします。大変お世話になりました。

この本では、50個の自問自答を書きつづりましたが、神さまを信じる上で、「躓《つまず》き」になる疑問のすべてを網羅できているとは思いません。まだ私には応答することのできない疑問も、たくさん目の前に転がっています。また、この本に収められた私の応答も、決してすべての読者の皆さんを納得させるものではないでしょう。

ただ、こんなふうにキリスト教に対する疑いを並べたのは、宗教や宗教団体が教えることを無条件に信じ込む必要はないのだというメッセージを私なりに発したかったからです。

このようなものの考え方は、時には「不信仰だ」と幾つかのキリスト教会から非難されることがあります。「おまえが主張しているのは、ただのヒューマニズムだ」、「クリスチャンは神中心主義でなくてはならないのに、おまえは人間中心主義に陥っている」と。

しかし、私はそのような非難を恐れません。既に本書で述べたように、人間は神と同じくらい素晴らしい価値のある者として造られたと聖書に記されているのです。ならば、神を大切にすることと、人間を大切にすることは、表裏一体です。

加えて、神が人間を造ったというのなら、製造者の責任というものもあるだろうと思うのです。ですから私たちには、神を疑い、神に怒り、抗議する権利があります。その結果、私たちが、ある程度「不信心」になってもかまわないとさえ思っています。

神を信じられなくてもかまいません。信じてもかまいません。自分が納得する道を行けばよいのです。みんな自分の心で感じ、自分の頭で考えたことを大切にしてください。自分の感性を信じましょう。

そして、できれば互いに相手を決して頭から否定することなく、意見を交換できるような人と出会い、対話したいものです。自分が今まで知らなかった知見に触れて新しいことに気づくのは、とても楽しいことです。そうやって自分をアップデートしてゆくことが、お互いの成長と友情につながります。

私はキリスト教の立場から、人の心や生き方のアップデートのためにいくらか役立つことができないかと思って、こんな本を書きました。実は毎日こんな風に、疑いとそれを克服する方法を考えながら生活しているので、私自身は不信心の人ではなく、本当は私以上に信仰深い人はいないのかもしれないと思うこともあります（笑）。

つまるところ、何が信仰深いのか、何が薄い信仰なのか、誰にも定義することはできません。たくさん祈るから、たくさん教会に通うから、いかにも真面目なことを言ったり書いたりしているから……だから信仰が篤いとは限りません。逆に、全く信心深そうには見えなくても、常日頃から疑い続けている人は、自分が本心から納得したいがために疑っているのですから、そういう人ほど求道心が強いのかもしれません。

イエスは弟子たちに何度も「信仰の薄い者たちよ」[94]と告げています。一般的にはイエスが弟子たちを叱ったか、たしなめたかのように解釈される言葉です。しかし、私は思います。これは、信仰深くなりきれない弟子たちに少々呆れながらも、寄り添って受け止めてくれる、優しい声かけだったのではないかと。

ですから、疑うことを恐れず、自分なりの最適解を求めてゆきましょう。そして、それを常にアップデートするために、多くの人と対話しましょう。この本がそのような対話の相手になれたのなら、嬉しく思います。

富田正樹

2023年8月

参考文献

【聖書】

聖書　聖書協会共同訳、日本聖書協会、2018

聖書　新共同訳、日本聖書協会、1987

聖書　新改訳2017、日本聖書刊行会、2017

田川建三訳『新約聖書　本文の訳　携帯版』作品社、2018

本田哲郎訳『小さくされた人々のための福音――四福音書および使徒言行録』新世社、2001

山浦玄嗣訳『ガリラヤのイェシュー　日本語訳新約聖書四福音書』イー・ピックス、2011

【参考図書】

青野太潮『どう読むか、新約聖書　福音の中心を求めて』ヨベル、2020

浅野敦博『死と命のメタファ　キリスト教贖罪論とその批判への聖書学的応答』新教出版社、2022

阿満利麿『日本人はなぜ無宗教なのか』筑摩書房、1996

A・E・マクグラス、J・C・マクグラス、杉岡良彦訳『神は妄想か？　無神論原理主義とドーキンスによる神の否定』教文館、2012

石川明人『宗教を「信じる」とはどういうことか』筑摩書房、2022

岡田明『マンガで読む日本キリスト教史　タイムっち』キリスト新聞社、2013
岡野昌雄『信じることをためらっている人へ　キリスト教「超」入門』新教出版社、2016
門井慶喜『屋根をかける人』角川書店、2016
金井創『沖縄・辺野古の抗議船「不屈」からの便り』みなも書房、2019
関西学院大学神学部編『自死と教会　いのちの危機にどう応えるのか』基督新聞社、2012
小林昭博『同性愛と新約聖書　古代地中海世界の性文化と性の権力構造』風塵社、2021
小林昭博『クィアな新約聖書　クィア理論とホモソーシャリティ理論による新約聖書の読解』風塵社、2023
小林武彦『生物はなぜ死ぬのか』講談社、2021
佐藤研『最後のイエス』ぷねうま舎、2012
ジョン・シェルビー・スポング、富田正樹訳『信じない人のためのイエス入門　宗教を超えて』新教出版社、2015
ジョン・ドミニク・クロッサン、太田修司訳『イエス　あるユダヤ人貧農の革命的生涯』新教出版社、1998
関田寛雄『目はかすまず　気力は失せず　講演・論考・説教』新教出版社、2021
杉山春『自死は、向き合える―遺族を支える、社会で防ぐ』岩波書店、2017
平良愛香監修『LGBTとキリスト教　20人のストーリー』日本キリスト教団出版局、2022
田川建三『イエスという男　第二版［増補改訂版］』作品社、2004

田川建三ほか『はじめて読む聖書』新潮社、２０１４
トーマス・レーマー、白田浩一訳『ヤバい神　不都合な記事による旧約聖書入門』新教出版社、２０２２
富田正樹『信じる気持ち　はじめてのキリスト教』日本キリスト教団出版局、２００７
Ｈ・Ｓ・クシュナー『なぜ私だけが苦しむのか――現代のヨブ記』岩波書店、２００８
長島総一郎『日本史の中のキリスト教』ＰＨＰ研究所、２０１２
西森マリー『レッド・ステイツの真実』研究社、２０１４
藤藪庸一『あなたを諦めない　自殺救済の現場から』いのちのことば社、２０１９
藤原淳賀編『大災害の神学　東日本大震災国際神学シンポジウム講演録』キリスト新聞社、２０２２
前野隆司『人はなぜ「死ぬのが怖い」のか』講談社、２０１７
松谷信司『キリスト教のリアル』ポプラ社、２０１６
宮台真司・藤井聡『神なき時代の日本蘇生プラン』ビジネス社、２０２２
ユヴァル・ノア・ハラリ『サピエンス全史　文明の構造と人類の幸福』河出書房新社、２０１６
リチャード・ドーキンス、垂水雄二訳『神は妄想である　宗教との決別』早川書房、２００７
山口里子『いのちの糧の分かち合い　いま、教会の原点から学ぶ』新教出版社、２０１３
ロドニー・スターク、穐田信子訳『キリスト教とローマ帝国　小さなメシア運動が帝国に広がった理由』新教出版社、２０１４

本文中に登場した聖書の箇所

（1）ヨハネによる福音書9章1〜3節
（2）創世記1章27節
（3）ヨハネの手紙一 4章8節
（4）ヨハネによる福音書2章1〜12節
（5）マルコによる福音書6章30〜44節、マタイによる福音書14章13〜21節、ルカによる福音書9章10〜17節、ヨハネによる福音書6章1〜14節
（6）マルコによる福音書6章45〜52節、マタイによる福音書14章22〜33節、ヨハネによる福音書6章16〜21節
（7）ヨハネによる福音書6章41節
（8）マルコによる福音書3章11節、ほか多数
（9）マタイによる福音書27章43節、ヨハネによる福音書10章36節、19章7節
（10）出エジプト記14章21〜31節
（11）マルコによる福音書6章45〜52節、マタイによる福音書14章22〜33節、ヨハネによる福音書6章16〜21節
（12）マルコによる福音書4章35〜41節、マタイによる福音書8章23〜27節、ルカによる福音書8章

22〜25節
(13)マルコによる福音書1章40〜45節、マタイによる福音書8章1〜4節、ルカによる福音書5章12〜16節
(14)マルコによる福音書1章34節、ほか多数
(15)ルカによる福音書7章11〜17節、ヨハネによる福音書11章38〜44節
(16)マルコによる福音書2章5節、マタイによる福音書9章2節、ルカによる福音書5章20節
(17)マタイによる福音書23章1〜36節、ルカによる福音書11章45〜54節、20章45〜47節
(18)ルカによる福音書6章20〜21節
(19)ルカによる福音書6章24〜25節
(20)ルカによる福音書19章1〜10節
(21)マルコによる福音書11章15〜19節、マタイによる福音書21章12〜13節、ヨハネによる福音書2章13〜20節
(22)マルコによる福音書15章29〜32節、マタイによる福音書27章39〜44節
(23)コリントの信徒への手紙一15章14節
(24)マルコによる福音書16章1〜8節
(25)マタイによる福音書28章1〜10節
(26)ヨハネによる福音書20章11〜18節
(27)マルコによる福音書16章7節、マタイによる福音書28章7節

(28) マルコによる福音書1章21～28節、ほか多数
(29) ローマの信徒への手紙3章27～28節
(30) ヤコブの手紙2章14節
(31) マタイによる福音書27章5節
(32) 使徒言行録1章18節
(33) サムエル記上15章3節
(34) ガラテヤの信徒への手紙3章28節、ローマの信徒への手紙2章10～11節
(35) ルカによる福音書1章3節
(36) 創世記1章
(37) 創世記5章以降、ほか多数
(38) 創世記2章7節
(39) 創世記6章1節～9章17節
(40) 創世記2章1～3節
(41) 創世記1章27節
(42) 創世記1章31節
(43) ヨハネによる福音書8章32節
(44) マルコによる福音書14章24節、マタイによる福音書26章28節、コリントの信徒への手紙一11章25節

(45) ヨハネによる福音書2章1〜11節
(46) コヘレトの言葉9章7節
(47) テモテへの手紙一5章23節
(48) コリントの信徒への手紙一6章9節
(49) マルコによる福音書10章9節、マタイによる福音書19章6節
(50) マルコによる福音書10章2〜4節、マタイによる福音書19章3節
(51) マルコによる福音書10章11節、マタイによる福音書19章9節
(52) マルコによる福音書10章9節、マタイによる福音書19章6節
(53) ヨハネによる福音書8章1〜11節
(54) ルカによる福音書6章20〜25節
(55) マタイによる福音書19章20〜21節
(56) ルカによる福音書19章8〜10節
(57) マタイによる福音書5章9節
(58) マタイによる福音書5章9節
(59) 申命記7章2節、ほか多数
(60) イザヤ書42章24〜25節、ほか多数
(61) イザヤ書2章4節、ミカ書4章3節
(62) 申命記7章7〜8節

(63)創世記12章3節
(64)ミカ書5章1節
(65)マタイによる福音書1章1〜17節
(66)創世記16章
(67)マタイによる福音書5章44節
(68)レビ記20章13節の誤読
(69)コリントの信徒への手紙一6章9節
(70)マタイによる福音書16章19節
(71)マルコによる福音書15章40〜41節、マタイによる福音書27章55〜56節、ルカによる福音書23章49節、ヨハネによる福音書19章25節
(72)マタイによる福音書28章9〜10節、ヨハネによる福音書20章11〜18節
(73)マルコによる福音書14章22〜25節、マタイによる福音書26章26〜30節、ルカによる福音書22章19〜20節、コリントの信徒への手紙一11章23〜26節
(74)マルコによる福音書1章21〜28節、ほか多数
(75)マルコによる福音書2章5節、ほか多数
(76)創世記6章1節〜9章17節
(77)創世記8章21節
(78)レビ記13章1〜46節

(79) マタイによる福音書18章20節
(80) 創世記1章31節
(81) 創世記2章16〜17節、3〜7節
(82) ヨハネの手紙一 4章8節
(83) ルカによる福音書6章20〜21節
(84) コリントの信徒への手紙一 7章
(85) ヨハネの黙示録2〜3章
(86) ローマの信徒への手紙9章3節
(87) コリントの信徒への手紙一13章13節
(88) コリントの信徒への手紙一13章2節
(89) マルコによる福音書12章25節、マタイによる福音書22章30節、ルカによる福音書20章36節
(90) マルコによる福音書1章15節
(91) ルカによる福音書17章21節
(92) ヨハネの黙示録21章1〜4節
(93) 創世記3章22節
(94) マタイによる福音書6章30節、8章26節、14章31節、16章8節

富田正樹（とみた・まさき）
1965年生まれ。関西学院大学文学部日本文学科卒業。富士通株式会社で6年間勤務。その後同志社大学神学部に編入学し、1997年、同志社大学大学院神学研究科博士課程前期修了。現在は同志社香里中学校・高等学校の聖書科教員。日本基督教団徳島北教会の主任担任教師代務者。

主な著訳書：

『キリスト教資料集』、2015
『信じる気持ち —— はじめてのキリスト教』、2007
『聖書資料集 —— キリスト教との出会い』、2004
『新約聖書 —— キリスト教との出会い』、2002、以上日本基督教団出版局
ジョン・シェルビー・スポング『信じない人のためのイエス入門 —— 宗教を超えて』新教出版社、2015
『かんたん かんたん キリスト教（試用版）』Kindle版、iChurch Publishing、2013
＊キリスト教入門講座をご覧ください。
https://www.youtube.com/@-IxthusLab
リベラル・クリスチャン情報局　イクトゥス・ラボ / Ixthus Lab

疑いながら信じてる50 —— 新型キリスト教入門　その1

2023年 8 月 28 日 初版発行
2023年 11 月 21 日 再版発行

著　者 —— 富田正樹
発行者 —— 安田正人
発行所 —— 株式会社ヨベル　YOBEL, Inc.
〒113-0033 東京都文京区本郷 4-1-1-5F
TEL03-3818-4851　FAX03-3818-4858
e-mail：info@yobel. co. jp

印　刷 —— 中央精版印刷株式会社
装　幀 —— ロゴスデザイン：長尾 優
配給元—日本キリスト教書販売株式会社（日キ販）
〒162 - 0814　東京都新宿区新小川町 9 -1
振替 00130 3 60976　Tel 03-3260-5670

　ISBN978-4-909871-90-9　C0016

本文で引用される聖書箇所は断りのない限り『聖書 聖書協会共同訳』（日本聖書協会発行）からの引用です。